FRANÇOIS PINAULT
milliardaire
ou
les secrets d'une incroyable fortune

Caroline Monnot et Pierre-Angel Gay

FRANÇOIS PINAULT
milliardaire
ou
les secrets d'une incroyable fortune

Éditions Balland

33, rue Saint-André-des-Arts
75006 Paris

À Dominique,
À Thierry,
À Marinette, Michèle et Jean-Claude

Avant-propos

Ceci n'est pas une biographie autorisée. Ce n'est pas non plus une biographie discutée. C'est le fruit – indépendant – d'une enquête de trois ans, à laquelle François Pinault n'a pas souhaité collaborer, comme il nous l'avait écrit :

Paris, le 17 septembre 1998

« *Madame, Monsieur,*

Vous avez demandé à me rencontrer avec beaucoup d'insistance. Tout bien réfléchi, j'ai décidé de ne pas déférer à cette demande et je vais vous expliquer les motifs de ma décision.

Le genre biographique n'est destiné ni à flatter son sujet ni à lui nuire mais à le cerner avec impartialité et objectivité s'il se peut. C'est aussi un travail de fond qui amène son auteur à réunir et confronter de multiples témoignages en s'efforçant de dégager, à travers des opinions contradictoires, un sens et une continuité. Dans une telle entreprise, il est vain de recueillir en fin de parcours le point de vue ou les commentaires du sujet principal car l'enquête est trop vaste pour permettre à celui qui en fait l'objet de lui apporter une contribution significative.

En acceptant de répondre à vos questions je vous placerais dans une alternative dont aucun des deux termes ne serait satisfaisant. Ou bien vous me soumettriez l'ensemble des témoignages recueillis sur moi et je risquerais de devenir votre censeur ; ou bien vous ne me révèleriez qu'une partie des résultats de votre enquête et je m'exposerais à être votre victime.

En décidant de consacrer votre ouvrage à ma vie et à ma personne sans m'y associer (ce qui est parfaitement votre droit) vous avez entrepris une tâche difficile. Toute intervention de ma part ne pourrait que la compliquer davantage.

Croyez, Madame, Monsieur, à l'expression de mes sentiments les meilleurs. »

Les deux auteurs n'ont donc eu d'autre souci que l'établissement des faits.

Paris, le 11 mars 1999.

Pinault, le magnifique

Jamais, sans doute, les jardins du château de la Mormaire n'ont connu pareille fête. En ce jour d'été 1996, François Pinault savoure son sacre. Le milliardaire marie son fils. Dans le parc, des tentes ont été dressées. On a fait venir un chapiteau de Belgique. Six cents bougies, une par invité, guident les pas de convives qui, avant de se présenter au maître de maison, peuvent apercevoir les sculptures contemporaines de César, d'Arman ou encore de Henry Moore, Eduardo Chillida et Sol Lewitt. Celle de Richard Serra, surtout, la plus importante de France, l'une des plus monumentales d'Europe, dont le sculpteur a choisi, lui-même, l'emplacement. « *Une œuvre ne doit pas défigurer un paysage* », avait-il dit. « *L'endroit est à vous* », avait répondu François Pinault.

Aujourd'hui, le fils de petit scieur breton tient sa revanche. À un jet de pierre du très résidentiel village de Monfort-l'Amaury, en lisière de forêt de Rambouillet, il reçoit en sa demeure du XVIIIe. Avec une magnificence grand siècle. Le château est superbe, le buffet est somptueux, le dîner délicieux. « *C'était Versailles, avec sa pelouse transformée en jardin d'exposition et ses salons d'apparat à l'allure de musée*, s'étonne encore un convive. *C'était une vraie consécration, l'un de ces moments – rares – d'apothéose.* »

À l'exception d'Arielle Dombasle et de Bernard-Henri Lévy, en tournage au Mexique, aucun des invités qui franchirent la double grille n'aurait imaginé se dérober. François Pinault et son épouse, Maryvonne, accueillent d'un mot gentil parents, amis, artistes, banquiers, courtisans, obligés. Et, bien sûr, les innombrables relations d'affaires des bons et des mauvais jours. Tous ces témoins, époustouflés par l'une des plus fulgurantes réussites de la France d'après guerre.

Le président de la République, Jacques Chirac, et son épouse Bernadette, descendent d'hélicoptère et rejoignent Ambroise Roux [1], l'éminence du monde français des affaires, à la table d'honneur. Les jeunes mariés, dont les initiales brodées ornent les sièges, vont de l'un à l'autre. Saluent l'avocat Jean-Michel Darrois, le producteur de cinéma Marin Karmitz, Alain Minc et le fondateur de Canal Plus, André Rousselet. Plaisantent encore, avec les vieux compagnons de François Pinault, ces « grognards » qui l'ont accompagné tout au long de la tumultueuse construction de l'empire : Henri Bahuon, le régisseur des docks de Saint-Malo ; Eugène Herfroy et Jean-Rémy Jacquemin, les hommes du négoce de bois ; Jacques Magne, le pilote privé. Et, surtout, Hubert Guidal, le confident, l'homme de main, ménagé jusque dans les élégants bureaux de l'état-major parisien. Le seul qui puisse, publiquement, surnommer le milliardaire, « Napoléon » ou « le petit ».

1. Aujourd'hui disparu.

À quelques tables de là, se croisent le député RPR Yvon Jacob, le producteur de « Capital » et ami du marié, Emmanuel Chain et empereur du luxe, Bernard Arnault qui ne sait pas encore qu'une bataille féroce l'opposera, trois ans plus tard à son hôte. Le maître de Dior et de Louis Vuitton retrouve l'assureur Claude Bébéar, le P-DG de Saint-Gobain, Jean-Louis Beffa, l'entrepreneur breton Vincent Bolloré, le financier belge Albert Frère, les présidents de Vivendi, Jean-Marie Messier, et du Crédit lyonnais, Jean Peyrelevade... « *Il y a tout le CAC 40* », s'émerveille un invité.

Le patron du *Monde*, Jean-Marie Colombani, côtoie celui du *Figaro*, Franz-Olivier Giesbert. L'ancien compagnon de route du parti communiste, Pierre Daix, avec qui le maître des lieux aime à gravir les chemins de Dordogne à vélo, retrouve Lise, la veuve d'Arthur London. Alain Delon et Line Renaud attirent les regards. Régine chante *Les Petits Papiers*. « *Dans la famille, on dit : c'est notre mariage du siècle* », confie, avec un sourire complice, Madeleine, la sœur de François Pinault.

Convié ce soir-là à des réjouissances dignes de celles données par l'intendant Fouquet, à Vaux-le-Vicomte, en l'honneur du roi Louis XIV, le Paris des affaires, de la culture et de la politique prend toute la dimension de son hôte : Pinault le milliardaire, Pinault le mécène, Pinault l'homme d'influence. Pinault le mystérieux aussi, dont nul, à l'exception de rares proches sans doute, ne sait les cheminements exacts. Les multiples détours qui l'ont conduit de la vie simple d'un petit garçon de Trévérien, en Ille-et-Vilaine, à celle, fastueuse, d'un « tycoon » dont la fortune est estimée à 32 milliards de francs par le mensuel *Capital* et même à 40, par le magazine américain *Forbes* pour le compte du *Nouvel Économiste* [1].

Ces estimations font de François Pinault l'égal du milliardaire américain « moyen ». Elles le hissent en tout cas devant des magnats aussi en vue que l'empereur des médias Rupert Murdoch ou le fondateur de la chaîne d'information CNN, Ted Turner. La richesse du Français pèse près de deux fois celle du spéculateur George Soros et le place loin devant celle des héritiers des studios Disney, de Henry Ford, de Paul Getty ou encore de David Rockefeller. En France, selon le classement des grandes fortunes professionnelles dressé par *Capital*, le patrimoine de l'entrepreneur breton n'est dépassé que par celui de Liliane Bettencourt, richissime héritière de L'Oréal, actionnaire de Nestlé et inamovible numéro un.

De François Pinault, pourtant, ses invités savent finalement peu de choses. Ils connaissent son intimité avec le Président de la République, bien sûr. Les moins curieux se rappellent aussi qu'il possède le Printemps, la Redoute, Conforama ou encore la Fnac. Les plus avertis n'ignorent pas qu'il est aussi le propriétaire éclectique du grand cru bordelais Château-Latour, des bagages Samsonite, des baskets Converse ou encore, à l'époque, des deux stations de ski les plus huppées du Colorado. Mais qui, parmi eux, connaît l'amitié et la complicité, jamais démenties, qui le lient au milliardaire canadien John Irving ? Qui peut dire les relations d'affaires nouées avec le magnat de Hong Kong, Li Ka-shing, qualifié de « *patriote véritable* » par le président de la République populaire de Chine, Jiang Zemin ?

---

1. « Le top 30 des fortunes professionnelles », *Capital*, novembre 1998, et « Les 200 plus riches du monde », *Le Nouvel Économiste*, du 30 juillet au 3 septembre 1998.

Tardivement venu aux chroniques tropéziennes de *Paris-Match*, François Pinault prend un soin méticuleux à brouiller les pistes, à sélectionner confidences et confidents, à fractionner son passé.

« *Je n'aime pas regarder en arrière* », lance-t-il à celui qui insiste, avant de se résumer d'une phrase : « *Les hommes, c'est un peu comme les chiens de chasse. Élevés dans les salons, ils perdent leur flair. Moi, je n'ai pas été élevé dans les salons.* » Pour le reste...

Sa notice du *Who's who* ? Oublieuse et imprécise. Ses interviews ? Un peu rapides, lorsqu'il affirme que le Crédit lyonnais est son principal banquier depuis trente-cinq ans. Les récits qu'il laisse publier par la presse ? À vérités successives. Ici, il démarre avec 80 000 francs prêtés par des amis. Là, il débute avec un prêt familial de 100 000 francs. Là encore, avec un emprunt bancaire du même montant. La naissance de sa société ? Le rapport annuel la date en 1963. Le *Who's who* aussi. Or, c'est bien le 2 janvier 1962 que les Établissements François Pinault s'installent, route de Lorient, à Rennes.

Autant de détails qui n'en sont pas. Autant d'omissions qui ne sont pas fortuites. Autant de petites amnésies qui sont de vrais secrets bien enfouis. Autant de vérités revisitées qui participent à la fabrication d'une légende. Celle, comme il la raconte lui-même [1], d'un « *petit entrepreneur breton, doté pour seul diplôme de son permis de conduire* », et qui se transforme en un Merlin, faiseur d'or, à la force du poignet. Comme toutes les légendes, celle-ci n'est ni tout à fait vraie ni tout à fait fausse. Elle ignore les zones grises

1. « J'ai fait gagner beaucoup d'argent au Crédit lyonnais ». Interview de François Pinault, *Figaro Économie*, 14 mars 1997.

d'une réussite qui a valu à son héros quelques démêlés avec la justice. Elle escamote des liaisons dangereuses dans un métier qu'on ne lui connaissait pas, la promotion immobilière. Elle oublie tout ce que ce capitaliste « pur et dur », à l'américaine, doit à sa longue fréquentation du monde politique...

La légende lisse. Elle ne rend pas la complexité d'un homme, tout à la fois âpre au gain et mécène, simple et dévoré d'ambition. D'un homme capable de mentir effrontément comme de tenir rigoureusement parole, d'une grande brutalité dans les rapports humains mais aussi d'une étonnante fidélité, voire d'une amicale sollicitude. Parti de rien, arrivé à tout, François Pinault a forcément plusieurs vies. Plusieurs entourages, aussi. Des copains du petit négoce de bois que le milliardaire a su ne pas oublier, aux relations éclectiques d'un magnat amateur d'art, curieux de tout et conseiller du prince. Des carambouilleurs croisés en route, aux représentants de l'establishment le plus parisien.

Méthodiquement, François Pinault a construit sa vie. Il y a eu l'accumulation rageuse de richesses, à la hache quand il fallait à tout prix démarrer, plus civile les premiers milliards venus. Il y a eu cet élargissement constant, travaillé, utilitaire, du cercle des relations, transcendé par un appétit d'apprendre qui lui a évité le piège, commun, du simple parvenu. Désormais, il y a l'édification de la dynastie, avec son passage obligé par la respectabilité, cette forme d'anoblissement bourgeois. Milliardaire entouré, François Pinault conserve sa part d'ombre. Sa part de secret. Le regard, bleu minéral, avec lequel il capture l'attention de ses interlocuteurs n'aime pas se laisser deviner.

Pinault, à la ferme de vingt jours

L'ombre est fugitive. À contre-jour, dans l'encoignure d'une fenêtre, les enfants de l'école communale de Trévérien n'ont que le temps d'apercevoir un visage anonyme scrutant leur salle de classe. François Pinault n'entrera pas. « *Il n'a pas voulu déranger* », dit l'institutrice. Elle et sa collègue, pourtant, n'avaient pas hésité. Et, sans plus de cérémonie, avaient adressé à cet ancien élève la longue « *complainte de deux enseignantes en mal de moyens* ».

« *Notre téléviseur vient de s'éteindre* », avaient-elles écrit à celui dont le nom reste inscrit, à la plume, d'octobre 1941 à juillet 1947, sur le registre scolaire, obligatoire depuis Jules Ferry. « *Quant à louer ou acheter un caméscope*, avaient-elles ajouté, *nous n'osons même pas y songer. Nous sommes continuellement confrontées à la même barrière financière.* » L'audace a payé. De complainte en complainte, l'école publique de Trévérien, 43 élèves, est devenue la mieux équipée du département d'Ille-et-Vilaine : du mobilier est livré la première fois, du matériel audiovisuel la deuxième, complété depuis par six ordinateurs multimédia.

Quand l'ordre de livrer est tombé de Paris, les directeurs rennais de Conforama et de la Fnac se sont bien demandé pourquoi une école ? Pourquoi Trévérien ? Depuis, ils ont appris la quatre-voies de Rennes à Saint-Malo,le canton de Tinténiac, le canal d'Ille-et-Rance, le bois de la Fosse aux loups. Jamais service après-vente n'a été mieux assuré. À Trévérien, 490 âmes aujourd'hui, l'école n'est pas la seule à avoir bénéficié de largesses. L'église a eu sa part, dont l'homme d'affaires a aidé à restaurer les vitraux. L'équipe de foot aussi, qu'il a pourvue en maillots.

Cette fidélité de François Pinault vient de loin. « *Il m'a parlé de ses instituteurs, M. et Mme Cadiou, avec toute l'admiration que chaque Breton porte à ses maîtres. Dès lors, faire cadeau de PC multimédia est un geste tout à fait normal* », souligne Edmond Hervé, le maire socialiste de Rennes, rigide et austère, que le milliardaire, désormais flamboyant, a su séduire en évoquant avec lui son enfance, en remémorant un passé modeste, des origines communes. « *Ni pour lui ni pour moi, ce n'est l'écriture inventée d'un Petit Chose* », poursuit l'ancien ministre. Dans le grand bureau d'angle de l'hôtel de ville, orné de portraits de François Mitterrand et de Pierre Bérégovoy qui sont autant de serments de fidélité, passe le souffle d'une fraternité du pays gallo.

Aujourd'hui, François Pinault ne se rend plus guère dans son village. Il y va à la Toussaint, fait le tour des neveux et cousins avec sa sœur, qu'il a prise en chemin. « *Quand le voisin de la ferme est mort*, raconte-t-elle, *il a envoyé une lettre extrêmement gentille à sa femme Suzanne. Quand il passe, il me dit : on va la voir. Il lui fait la bise et on boit un petit café.* » Parfois, il dit quelques mots de patois. De la maison de Suzanne, l'entrepreneur peut voir la ferme de son enfance, la Cour-Heuzé, quittée par la famille en 1960 et que le milliardaire, curieusement, n'a jamais envisagé de racheter. Chez les Pinault, on ne s'attache pas aux vieilles pierres.

Un chemin au milieu des champs, une cour de terre battue, un corps de bâtiment délaissé... Presque un chromo. Le souvenir d'une vie qui commence comme un tableau de Millet. « *La ferme était bien entretenue*, se souvient Henri Pinault, son frère cadet. *Il y avait un pré, des pommiers, des fleurs, un jardin. Nous y vivions en autarcie. Nous n'achetions pratiquement rien. Nous faisions même le pain. Nous avions un pétrin, un four.* » Le père exploitait une ferme d'une dizaine d'hectares. Une ferme de vingt jours, comme on disait alors. À cette époque, dans cette partie de la Bretagne, il fallait deux jours pour charruer, avec des chevaux, une surface d'un hectare. Par chance, les Pinault étaient chez eux et échappaient aux tracas des fermiers. À la Saint-Michel, partout dans la région, les propriétaires venaient prélever les loyers des fermes en jaugeant dans les granges les récoltes de blé. Que le tas soit trop plat, et le paysan était jugé mauvais cultivateur ; qu'il soit trop bombé, et ce dernier devait s'acquitter d'une dîme très élevée.

Né en 1896, le père, François lui aussi, a appartenu à cette classe d'âge qui a dix-huit ans en 1914. Certificat d'études en poche, après quelques années de petit séminaire, il a été mobilisé tout de suite et pour toute la durée de la guerre, traversée sans être blessé. « *J'ai vu son carnet militaire*, raconte Henri Pinault. *Il a grandi de 3,5 centimètres en quatre ans, malgré l'épreuve du chemin des Dames.* » De retour au pays, le père a épousé Eugénie Gabillard, la fille d'un cultivateur scieur des Champs-Géraux, un village distant de quelques kilomètres, situé dans le département voisin des Côtes d'Armor. C'est là que naît François Pinault, le 21 août 1936, au lieu-dit « La bonne fontaine ».

L'hiver, le père a une petite activité complémentaire de sciage où il travaille les peupliers de la Rance. Une machine à vapeur entraîne la scieuse. En 1956, il l'équipe d'un moteur. Tout cela atteste d'une certaine modestie qui n'est pas le malheur. L'atmosphère est empreinte d'ordre et de rigueur. On ne parle pas pour ne rien dire. On n'extériorise pas ses sentiments ni ses soucis. Il faut obéir. Garçon de ferme chez les Pinault quand il avait 12 ans, Jean Tessier se souvient de l'appentis où « *il fallait se baisser pour entrer. C'était des gens gentils qui gardaient longtemps leurs employés* ». Pas question, pourtant, de renâcler à la tâche. « *Quand il y avait des ouvriers chez les parents, on disait de celui qui mettait trois heures à manger : il traînera autant au travail* », confie avec pudeur Madeleine, la sœur, rencognée dans un fauteuil de sa maison bretonne. Une bâtisse austère et froide, qu'il arrive encore à François Pinault de réchauffer en allant chercher du bois. « *Tu dors plus tranquille que moi* », lui dit-il parfois. Elle répond : « *Oui.* »

« *Notre famille était regardée comme aisée par les autres. Mais nous menions une vie assez simple* », poursuit-elle. Quatre enfants : deux filles, deux garçons. Une multitude de cousins, dominés par deux fortes figures : l'oncle missionnaire parti à vingt ans, en Chine, du côté de Nankin, dont il avait appris le dialecte sur le tas ; l'oncle curé, docteur en théologie, qui a enseigné la philosophie chez les jésuites à Sarlat, en Dordogne, au magistère diversement commenté. Dans le village, la rumeur veut qu'il ait monnayé des places de paradis. En un mot, vendu des indulgences. « *Quand même pas*, s'indigne Henri Pinault. *Il était entier et disait ses vérités à tout un chacun. Quand on manipule les idées, ça vous retombe dessus.* » Henri... paré, dans la famille, de l'aura de l'intellectuel, avec ses diplômes de pharmacien, médecin et biologiste.

Deux oncles religieux ! Voilà le petit François sous une double influence. Catholique d'un côté, sans que la famille soit dévote. Laïque de l'autre puisque, à l'image de tous les foyers bretons, les garçons fréquentent l'école publique quand les filles vont chez les sœurs. Le père, en tout cas, ne dédaigne pas les parties de belote coinchée avec le maire communiste, qui est aussi l'épicier, et dont les moustaches à la Staline, après un long passage au séminaire, font de lui un personnage à la Peppone.

On est à la Libération, quelques mois après que François a salué l'arrivée des soldats américains à Trévérien, aux accents d'une *Marseillaise* enseignée par l'instituteur, M. Cadiou. Le père, qui a accueilli des réfugiés de Saint-Malo pendant la guerre, va chercher l'un de ces prisonniers allemands que les paysans ont le droit d'employer tant que les autorités refusent de les renvoyer chez eux. Quand Arthur débarque à la Cour-Heuzé et qu'arrive le moment du premier repas, le père le place à sa droite. À la place habituelle du petit François. La bouderie prend fin quand le père lui fait comprendre le malheur d'Arthur, « *loin de son pays quand il devrait y être* ». Plus tard, c'est le prisonnier allemand qui apprendra à nager au gamin.

Mais, dans la campagne bretonne d'après guerre, le bonheur s'arrête à 11 ans. Quand il faut s'arracher de la ferme et quitter l'école communale pour rejoindre le collège Saint-Martin. Loin. À Rennes, dans un monde hostile que l'on ne connaît pas. « *Il n'y avait que les Pinault, à Trévérien, à aller en pension* », souligne sa sœur Madeleine. En internat, le temps paraît long quand, le 4 janvier, au retour des fêtes, il faut attendre le 20 avril pour revoir la ferme. Chez les eudistes, la discipline est stricte. Le dortoir, le lever à 5 h 30, la toilette, la messe. Le latin, les humanités, la rhétorique. Et les sourires en coin des fils de bourgeois, quand les petits campagnards roulent les « *r* ».

Edmond Hervé en est encore blessé : « *François Pinault se souvient sûrement des ricanements lorsque, le jeudi midi, des mères emmenaient leurs enfants au café Ponal où l'on pouvait venir avec son boire et son manger.* » Des rieurs ? François Pinault s'en souvient. Mais de sa réaction, aussi, lui qui n'avait jamais dédaigné faire le coup de poing dans la cour de Trévérien. Il avoue à plusieurs reprises en avoir « *rossé plus d'un. Je n'étais pas le plus fort mais j'étais le plus hargneux* [1] ». Le dimanche, c'est la promenade d'internat le long du canal, en casquette à boutons dorés comme dans la chanson. Lui, trompe la monotonie des jours en jouant au foot. L'équipe de Saint-Martin affronte celle du collège, plus huppé, de Saint-Vincent. C'est la grande époque du Stade rennais, avec Jean Grumellon. L'été, de retour à la ferme, il prend son vélo pour aller voir passer le Tour de France et Jean Robic, le coureur héros de toute la Bretagne. Cette passion ne l'abandonnera jamais.

En seconde, il quitte le collège. « *Comme beaucoup de garçons de familles paysannes* », commente Edmond Hervé. « *Parce qu'il s'en est assez vite fatigué*, lâche sa sœur. *Il ne s'intéressait pas trop au latin.* » Ni aux travaux des champs, semble-t-il. « *Il n'a jamais pensé en faire son métier*, poursuit-elle. *Notre père avait du mal à la scierie. C'était dur, physiquement. François disait qu'il ferait autre chose.* » Sous l'influence du père, il part apprendre les métiers du bois à l'École de Luchon, dans les Hautes-Pyrénées. Son premier grand voyage pour un avenir encore bien incertain.

Aujourd'hui, Henri soigne son frère qu'il voit de loin en loin. « *À chacun son chemin. Je ne mêle pas de ses affaires. Il doit être courtisé comme du temps des rois. J'espère*, dit-il, *qu'il garde le bon sens paysan.* » La seconde sœur, Marie-Thérèse, vit à Perros-Guirrec. Et quand Madeleine, en visite à Paris, rejoint l'hôtel particulier de François, rue de Tournon, à deux pas des jardins du Luxembourg, elle renoue avec la retenue caractéristique de leur jeunesse pour accueillir la réussite matérielle de son frère : « *Quand le chauffeur m'ouvre*

---

1. « Les travaux et les jours de François Pinault », *Dynasteurs*, septembre 1991.

la porte, j'ai l'impression d'avoir gagné un concours de Jacques Martin : un voyage dans la capitale. Je regarde François. On se sourit. On n'est pas dupes ».

Pinault chez Gautier Frères

De retour au pays en décembre 1958 après trente mois d'Algérie, François Pinault joue sa vie. Il passe, en quelques mois, du statut de paysan à celui de petit employé, du grade de « chef d'exploitation » payé la somme de 831,62 francs le mois au rang de petit patron. Une ascension en accéléré qu'il n'aime pas se remémorer. Et qu'il ira, un jour, jusqu'à résumer en un raccourci expéditif : « *Je suis allé travailler deux ans dans la scierie d'un de mes oncles. Et puis, j'ai emprunté 100 000 francs* [1] ». Une narration pour le moins audacieuse.

Comment ne pas revenir mûri quand on a eu vingt ans dans l'Algérois ? Comment n'être pas marqué ? Engagé volontaire sans grande culture politique, il était parti en 1956 sur un coup de tête. Une engueulade avec son père, l'autocar pour Rennes, la caserne où il signe pour devancer l'appel. « *Quand vous avez vingt ans, que vous venez de Bretagne et qu'on vous explique que c'est une cause juste, bien sûr, vous le croyez* », confia-t-il un jour malgré sa répugnance, comme son père, à jouer l'ancien combattant. Artilleur sur les hauteurs de Blida, il lui faut déchanter. Le grade de sous-off, la batterie, la routine des gardes, les embuscades, les tirs croisés, la médaille de la Valeur militaire. Et cet aveu : « *J'ai*

1. « Les travaux et les jours de François Pinault », *op. cit.*

toujours au fond de moi le regard du type que j'ai flingué à cinq ou six mètres... C'était lui ou moi [1] ».

Quand François Pinault retrouve les rives du canal d'Ille-et-Rance et son paysage familier, il a le brevet élémentaire, une formation dans le bois et, surtout, un caractère. C'est un têtu. Un impatient. Il faut que ça aille vite. Il n'est pas toute une soirée à rire. Il ne reste pas trois heures à table. Comme le résume Mireille Louvigné, une amie de la famille, « *François était à cheval entre deux mondes. Il ressentait un sentiment d'injustice devant l'incapacité qu'il avait d'exprimer ses potentialités. Il était mû par une espèce d'insatisfaction.* » François Pinault avait de l'énergie, mais pas d'exutoire. Lui manquaient l'objectif, la route et les moyens d'y parvenir. C'est son premier mariage qui lui apportera tout cela.

La romance débute par une visite à Rennes. François et André, un copain, vont saluer Baptiste Gautier, un marchand de bois de la rue Papu, fournisseur et habitué de la petite scierie de Trévérien. Toujours vêtu d'une blouse grise, le bonhomme était très strict, très honnête. « *Du genre à ramasser une épingle* », plaisantent encore les voisins. À François qui est sans travail, il lance : « *Si tu veux, tu restes.* » François n'en fait rien.

Mais Baptiste, qui a une fille à marier, Louise, a de la suite dans les idées. Et, de mèche avec Pinault père, profite, au printemps 1959, de la visite en forêt d'une coupe de bois, pour faire se rencontrer les deux jeunes gens qui ne s'étaient pas vus depuis l'âge de dix ans. Les événements s'accélèrent. À l'été, Baptiste, qui perd son frère, se voit contraint de mener de front l'achat de bois sur pied et le démarchage des clients. En septembre, le père de François

1. « Le printemps de Pinault », *Journal du Dimanche*, 1er décembre 1991.

Pinault meurt en lisant le journal, d'une piqûre de frelon. « *Avec mes deux sœurs plus âgées et mon frère plus jeune, on a décidé d'arrêter la scierie* », confie-t-il à son ami Pierre Daix [1]. Fin 1959, à 23 ans, l'enfant de Trévérien entre chez Gautier Frères comme chef d'exploitation, chargé de l'approvisionnement auprès des bûcherons. Il épouse Louise le 11 juin 1960.

Dès son entrée dans l'affaire de la belle-famille, il a trouvé sa voie. Il devient représentant de la marque Célamine, un concurrent de Formica. « *Au départ, il faisait le tour des commerçants pour vendre de la camelote. Il aimait cela. C'était un jeune qui débarquait face à des vieux mieux installés. Il fallait baratiner* », s'amuse encore sa sœur Madeleine. Très vite, il fait preuve d'un dynamisme débordant, bouscule les habitudes du beau-père, fait venir auprès de lui un garçon qu'il avait connu au collège Saint-Martin, Michel Paczerski, aujourd'hui directeur régional de Pinault-Bretagne.

Gautier Frères est une SARL dont la durée de trente ans expire au 31 décembre 1961. Baptiste choisit de prendre sa retraite et de passer la main à son gendre. Le 2 janvier 1962, les Établissements Pinault, une société en nom personnel, chaussent les bottes de Gautier Frères dont ils reprennent les deux ouvriers, les stocks et la clientèle. François Pinault troque les habits d'employé de son beau-père pour ceux de commerçant indépendant. Il a la chance de ne pas partir de zéro.

Les enfants arrivent. Laurence, François-Henri et Dominique, naissent coup sur coup. Les beaux-parents et le jeune couple s'installent côte à côte, route de Lorient, à la sortie de Rennes, dans deux pavillons cossus mais sans grâce

1. « François Pinault », de Pierre Daix, Éditions de Fallois, page 35.

qui font aujourd'hui face aux tribunes du stade. L'entreprise s'établit à quelques centaines de mètres. C'est alors un quartier populaire, presque une zone de pauvreté, qui abrite des retraités de l'Arsenal, de Gaz de France, des gens de petites conditions qui vendent du buis à la Noël et des vers à l'ouverture de la pêche.

François s'y lie d'amitié avec Bernard Le Moux, comptable chez Gautier Frères, et avec Jacques Fouché, menuisier de son état. Deux amis auxquels il restera toujours fidèle. Tapageur, futur président du Stade rennais, le premier deviendra P-DG des pavillons Le Moux, 45 000 « Chalandonnettes » dont la construction, trop rapide, lui coûtera partiellement ses ambitions au RPR. Comme le raconte un responsable local, « *Bernard voulait faire de la politique et le Rassemblement l'avait imposé à Yvon Bourges pour des élections régionales. Mais, en vieux renard, le grand baron du gaullisme l'a placé en position inéligible.* »

Le second, Jacques Fouché, garde encore en mémoire, le souvenir de sa rencontre avec le jeune François : « *J'avais un petit magasin de menuiserie de rien du tout. Il s'est pointé un samedi après-midi. Il était presque intimidé devant moi. Il voulait que je lui achète du bois. On a discuté. Il aimait le sport. On s'est invités. On est devenus copains.* »

Plus tard, Jacques Fouché ouvrira boulevard Montmartre à Paris une salle de musculation où François Pinault s'entraînera quotidiennement. Il initiera même le milliardaire au sponsoring... du culturisme. En 1979, associé à un ancien champion de la discipline, Serge Nubrey, Jacques Fouché organise un championnat du monde au Palais des Congrès. L'affaire tourne au fiasco, laissant une ardoise de 25 millions de francs. François Pinault les sauvera du gouffre, en leur faisant obtenir un prêt inespéré du Crédit chimique.

« *Depuis*, explique Jacques Fouché, *je l'ai équipé partout. J'ai installé des appareils à Paris, dans son château de la Mormaire et, récemment, dans sa villa de Saint-Tropez.* »

Route de Lorient, la hargne au travail de François Pinault ne se dément pas. Levé à 5 heures, il prend les commandes le matin et livre l'après-midi avec son estafette Citroën. Âpre, le jeune homme met en pratique deux maximes quotidiennes que tous ses ouvriers ont entendues au moins une fois. Pour la plus avouable : « *Une marchandise bien achetée est une marchandise facile à vendre* ». Pour la plus crue : « *Qui est-ce que je vais baiser aujourd'hui ?* ». À 27 ans à peine, il a déjà une réputation duale qui le suivra longtemps. Travailleur acharné d'un côté et tricheur de l'autre, même s'il ne s'agit pour l'instant que de grosses ficelles de marchand de bois. Il ne faudra pas moins de deux sociétés de relations publiques, un quart de siècle plus tard, lors de l'introduction en Bourse du groupe, pour polir cette image.

Le mariage bat de l'aile. François Pinault s'en va début octobre 1965. Des discussions rudes. Une transaction. Le divorce est prononcé le 15 mai 1968. Louise garde la maison, il prend l'entreprise. Il reste patron : sa vie est désormais tracée. Lui qui songeait, dans ses moments d'abattement, à s'exiler au Canada, fera fortune en France. Il ne lui reste qu'un obstacle à lever. Il lui faut rembourser les sommes prêtées par Baptiste Gautier, à son démarrage.

Lors du lancement des Établissements Pinault, non seulement son beau-père s'était porté caution, mais il lui avait avancé 447 000 francs : 110 000 francs pour le terrain de la rue de Lorient, 162 000 pour l'agencement des bureaux, 110 000 encore pour les premiers achats de bois, 10 000 francs pour les frais. 55 000 francs, enfin, avaient servi à acheter le terrain de la maison. Le prêt est à 6 % pour protéger les intérêts patrimoniaux des enfants. Il en rembourse le solde le 29 mai 1973 au Comptoir national d'escompte de Paris, ancêtre de la BNP, sa première banque.

C'est sans doute de cette période noire que date son obsession du temps qui passe, du temps irrémédiablement perdu. Cette rancœur contre les aléas de bien des vies – un milieu modeste, des études courtes, un divorce – est incompréhensible si on la jauge à l'aune de sa réussite. Mais à ses yeux, ces aléas lui ont coûté des années de piétinement, de travail de fourmi. « *Quand vous n'avez ni le nom, ni les diplômes, ni les relations forgées par l'appartenance à un grand corps, vous perdez du temps*, peste-t-il encore. *J'ai perdu dix à quinze ans en ramant comme un soutier.* »

Beaucoup jugeraient, pourtant, qu'il a eu de la chance. Sur la seule estime qu'il lui portait, son beau-père lui a tout de même prêté 538 fois son salaire mensuel de chef d'exploitation. Ce qui, aujourd'hui, pour un poste équivalent de contremaître rémunéré 7 000 francs nets, représenterait... 3,7 millions de francs. Le talent de François Pinault est d'avoir su les faire fructifier, et au-delà, mais ils ne lui ont pas manqué.

De Blida à Chréa

Un jour qu'il discutait avec son jeune frère Henri de l'Algérie, François Pinault, toujours avare de confidences, eut cette réponse lapidaire : « *On a gardé des champs de blé.* » L'ironie était à la mesure du choc de ces trente mois dans l'Algérois. Trente mois au lieu de vingt-sept, pour avoir devancé l'appel sur un coup de tête... Trente mois passés dans la rocaille aride, entre la chaleur accablante de la bourgade de Blida et la relative douceur du col de Chréa...

Quand le jeune Breton – il n'a pas vingt ans –, rejoint la 3e batterie du 65e régiment d'artillerie, il ne connaît que le pays gallo, Paris rapidement traversé de Montparnasse à la gare de Lyon pour gagner Marseille, le centre de tri et l'embarquement sur le *Ville d'Alger*. Il découvre tout. D'un coup. Les pieds-noirs dont la troupe a réquisitionné les maisons de vacances de Chréa, mais qui viennent encore dans deux petits hôtels-cafés-restaurants de ce qui fut leur station de ski. Le campement où, toujours tiré à quatre épingles, il se fait prendre en photo, posant fièrement devant les pièces d'artillerie. La débrouillardise, quand il bluffe un copain breton, le sergent Jean-Yves Jamet. Quand ce dernier lui propose de l'amener pour une mission de quelques jours à Marseille, François lance : « *Ne t'inquiète pas. On va y aller en avion.* » Aujourd'hui, calé dans un fauteuil de sa maison du boulevard Paul-Painlevé à Rennes, Jean-Yves Jamet en sourit encore : « *Je ne le croyais pas. On l'a fait. Il avait réussi à avoir un ordre de mission en passant devant tout le monde. Il s'était débrouillé avec une hôtesse de l'air.* »

Surtout, François Pinault découvre les opérations de guerre. « *Nous étions toujours partis. Nous étions des artilleurs, mais on faisait de l'infanterie. Les 150 hommes de la batterie partaient en patrouille pour deux ou trois jours dans le Djebel, ravitaillés par hélicoptère, dormant sur place. On ne laissait au camp que l'équipe de garde. On avait pour mission d'appuyer les parachutistes lorsqu'ils allaient nettoyer un village. On bouclait le douar et on réceptionnait les fellaghas qui avaient réussi à s'échapper* », raconte Michel Fouilloux dont François Pinault fut le brigadier-chef puis le maréchal des logis.

Depuis le conseil des ministres du 11 avril 1956, en effet, la France accentue son effort de guerre. Le contingent passe de 200 000 à 400 000 puis 450 000 hommes, autorisant un véritable quadrillage des départements algériens. Le général Massu, commandant de la 10e division parachutiste, reçoit du ministre Robert Lacoste la totalité des pouvoirs de police dans la région d'Alger, avec pour tâche d'anéantir les « terroristes » et de détruire l'organisation politique du FLN. « *La peur, l'exaspération, la psychose de l'attentat se sont en effet installées dans la population européenne qui donne libre cours à sa haine en se livrant fin décembre 1956 à d'horribles ratonnades. Les forces de police traditionnelles se montrant impuissantes à prévenir les attentats et à en retrouver les auteurs, les parachutistes prennent les commandes de la répression* », rappellent Bernard Droz et Évelyne Lever dans leur *Histoire de la guerre d'Algérie* [1].

Les coups les plus durs sont pour les régiments les plus aguerris. Les trois batteries du 65e RA qui contrôlent la route de Blida à Chréa, jouent les forces d'appoint. « *Parfois, nous faisions des embuscades de nuit à une vingtaine. On se planquait et on attendait. Si les fellaghas ne venaient pas, on rentrait. S'ils venaient, on ne bougeait pas, on faisait du renseignement* », se souvient encore Michel Fouilloux. C'est au cours de l'une de ses patrouilles que le Breton, dont la section s'est bien comportée, décroche la médaille de la Valeur militaire. « *François n'était pas dur, même s'il fallait obéir quand il donnait un ordre. Il avait reçu une instruction mili-*

1. *Histoire de la guerre d'Algérie (1954-1962)*, Inédit Histoire, collection Points Seuil.

taire pour être maréchal des logis et responsable de 35 soldats », conclut Michel Fouilloux. Une lettre du général Massu rejetant l'intercession de l'ancien ministre et maire d'Alger, Jacques Chevallier, en faveur d'une « mutation » en métropole du jeune maréchal des logis nous apprend d'ailleurs que celui-ci était « *très bien noté et très apprécié* ».

Quarante ans plus tard, l'homme d'affaires dénonce en termes forts « *cette sale guerre avec son cortège d'horreurs et d'atrocités. Cela vous rend presque fou, en tout cas révolté* [1] ». François Pinault n'a jamais eu l'âme d'un ancien combattant. Quand il rejoint Trévérien fin 1958, il tourne rapidement la page. Retrouve au début des années 1960 Jean-Yves Jamet, au hasard d'un match de foot dans la vieille tribune du Stade rennais. « *Je l'ai revu plus tard dans son petit bureau de la rue de la Roberdière. C'était un client à qui je vendais des produits isolants. Il était dur. Très dur,* raconte l'ancien sergent. *Après avoir fait de mauvaises affaires en reprenant une société qui menaçait de me faire plonger, je suis allé voir François.* » La voix se casse. « *Il m'a gratifié de quelques conseils. Il aurait peut-être pu me rendre service. Nous n'avons pas la même philosophie de la vie,* conclut-il avant de se reprendre : *Mais je garde, dans le fonds, un bon souvenir de lui.* »

Régiment africain qui avait participé au débarquement en Provence et à la campagne d'Alsace à la fin de la Seconde Guerre mondiale, le 65e RA est rapatrié à Draguignan. Il est dissous le 30 juin 1964. Son étendard est au musée de l'armée et il revient au 68e RA, basé à Valbonne, de représenter ses traditions.

1. « François Pinault », de Pierre Daix. *op. cit.*

Pinault, négociant en bois

« *Saint-Malo, porte ouverte sur la Scandinavie* » ! Dans le journal municipal de la cité corsaire, Pinault l'impatient publie, fin 1969, de pleines pages de publicité. Des encarts matamores même si, avec le recul, ils paraîtraient sans doute bien maladroits et bien désuets à Bernard Brochand, l'ami et publicitaire chiraquien que l'homme d'affaires promenait en hélicoptère, toutes affaires cessantes, il y a peu, pour inaugurer... la Fnac de Monaco !

En 1969, on n'en est pas là. L'entrepreneur s'affiche encore tout seul. Sa réclame est brute de décoffrage. Comme lui. Les Établissements Pinault ? « *Une entreprise jeune* » où la moyenne d'âge est de 32 ans. « *Une entreprise dynamique* » qui importe, sept ans après sa création, 35 000 mètres cubes de sapins du Nord.

Le Breton dit vrai. Ses grands concurrents importateurs ont bien tenté de lui casser les reins. Mais ont assez vite renoncé, préférant l'ignorer et perpétuer, sans conscience du danger, leur pratique du négoce de bois, fort lucrative jusqu'ici. Ils vendent aux industriels, fabricants de poulaillers ou de parquets, des bois venus par bateaux du Canada ou de Scandinavie. Dans les ports de l'Ouest, ils sont maîtres des quais. Ces grandes maisons y ont leurs propres entrepôts pour réceptionner les cargaisons. Elles font trier, charger et parfois livrer le bois, du gros utilisateur au petit menuisier. « *Elles faisaient un bateau de 1000 mètres cubes par mois et roulaient carrosse* », ironise Henri Bahuon, un ancien de l'Omnium maritime armoricain dont François Pinault fera, en 1975, son propre régisseur des quais, à la tête de l'Agence maritime de Bretagne.

De cette époque faste, Jean-Pol Guguen, neveu du négociant Alain Verry, se souvient : « *L'informatique n'existait pas. Mon oncle travaillait avec un crayon en poche. Ses astuces lui avaient fait gagner beaucoup d'argent. C'est ainsi que pour les bois tropicaux, ces énormes grumes coûteuses à manipuler, il avait eu l'idée de creuser un bassin et de jeter les troncs à l'eau pour les déplacer, comme en Afrique, avec un type à califourchon. Cela lui avait fait faire des économies formidables.* »

Tout l'art de François Pinault consiste à observer. Marhand de bois, il se fournit auprès des grandes maisons de Saint-Malo pour revendre aux artisans et aux industriels. Il convainc deux d'entre eux, le fabricant de poulaillers Daougabel et le fabricant de parquets de luxe Panaget, de court-circuiter les importateurs traditionnels et de s'associer avec lui pour acheter directement, et donc moins cher, les cargaisons en Scandinavie. François Pinault a été le premier à comprendre qu'importateur et marchand ne devaient faire qu'un.

Non seulement l'idée est bonne, mais il en joue sur deux tableaux. Faute d'avoir de la trésorerie, il fait payer ses gros clients d'avance. En s'associant avec les plus importants consommateurs de bois, il ne laisse à ses concurrents que les plus petits, nettement moins rentables. D'un demi-bateau, il passe vite à deux, trois, dix... Quand la maison Verry, au faîte de sa puissance, importe douze à quatorze cargaisons de bois, il en fait venir vingt-huit dès la première année !

Et il ne s'en tient pas là. Rapidement, il comprend l'intérêt qu'il y a à jongler avec les saisons et les cours. À cette époque, les ports scandinaves étaient bloqués par les glaces de novembre à mars. Le négociant devait accumuler les bois en octobre pour tenir jusqu'au printemps. Mais les bateaux se payaient cash. Il fallait donc utiliser des « crédits de campagne » et être capable de les rembourser en revendant les cargaisons achetées sans perdre d'argent.

D'instinct, l'enfant de Trévérien le fait mieux que les autres. Il mise plus gros. Il commande large pour vendre beaucoup pendant l'hiver, quand les prix peuvent doubler ou tripler. Il commande tard, pour limiter au maximum ses relais de financement. « *Je sais pourquoi François Pinault est un financier redoutable*, assure avec beaucoup de conviction Jean-Pol Guguen. *Dans le bois, le matériau ne compte pas. L'essentiel est de savoir acheter quand les cours sont bas, revendre quand ils sont hauts, attendre le moment favorable pour décharger un navire.* »

Pinault le spéculateur fait ses premières armes : Saint-Malo voit alors arriver des bateaux couverts de neige. « *Pour Pinault, nous déchargions des madriers glacés de 8 centimètres d'épaisseur, 23 centimètres de largeur et 12 mètres de long. Il nous fallait parfois huit jours pour les sortir un par un* », témoigne René Freulon, l'ancien secrétaire de la CGT Docks que *Ouest France* surnommera le « bloc de granit » lors du grand conflit de la réforme portuaire de 1991.

Mais, chaque jour, le jeune négociant gagne en appétit. Il met fin au vrac. Il exige des Scandinaves qu'ils tapissent les cales de ses navires en classant les madriers selon leur taille, un tri préalable qui réduit d'autant les travaux de déchargement. Il s'enhardit encore et décide de refaire en Scandinavie ce qui lui a déjà si bien réussi : se passer de tout intermédiaire. Les exportateurs suédois en font les frais, quand il se met à commander directement aux scieries. De petites quantités d'abord, puis leur production tout entière, chutes comprises. Des chutes qu'il décide d'utiliser. Puisque les industriels n'en ont pas le besoin, François Pinault choisit de se diversifier. Il ouvre ses premiers négoces de détail, où les particuliers viennent chercher du bois pour leurs plinthes, portes, fenêtres, etc. C'est la naissance de Pinault

Distribution. « *Il a très vite compris qu'on pouvait vendre beaucoup plus cher au grand public qu'aux professionnels* », constate Claude Champaud, ancien président du Conseil économique et social de Bretagne.

Plus tard, il imaginera même acquérir des bateaux, coques nues, et en déléguer la gestion à l'armateur Delmas-Vieljeux ou à BAI (Bretagne-Angleterre-Irlande) dirigée par le patron breton Alexis Gourvellec. L'affaire tournera court... en Corse, où François Pinault a pris ses quartiers d'été. En contact avec la Scandinavie, dans un marché du bois déserté par tous les opérateurs, il loue des navires à quai, hollandais ou suédois, pour une bouchée de pain. Tout compte fait, avoir sa propre flotte lui serait revenu quatre fois plus cher d'après les devis de Delmas et de BAI. Exit, Pinault armateur. Le projet finit dans les cartons.

Dans l'importation de bois, en tout cas, la cause est entendue dès le début des années 1970. Le jeune négociant prend l'avantage sur tous ses concurrents. C'est le moment qu'il choisit pour leur livrer une implacable guerre des prix et les racheter un à un. Alain Verry comme les autres, dont la chute frappe les esprits. Vingt-cinq ans après, la Banque de Bretagne qui a dû verser dans l'affaire un lourd écot, se réfugie dans le mutisme. Joint à Saint-Lunaire, près de Dinard, Michel Bodin, son ancien directeur général adjoint, refuse d'en parler : « *Je suis à la retraite depuis douze ans. Je me consacre à ma famille et ne veux pas d'ennuis.* » Interrogé sur les déconvenues de la banque, il rétorque : « *Ce sont de très mauvais souvenirs, mais je m'estime lié par le secret* ».

Grande figure de la profession, Alain Verry avait parrainé François Pinault pour entrer à la Fédération des importateurs de bois du Nord. Pinault l'a-t-il ruiné dans la foulée, comme le prétendent ceux qui, à Saint-Malo, gardent en mémoire l'image du vieil homme effondré pleurant dans le bureau du jeune lion ? Ou la faillite de cette maison à l'ancienne était-elle inéluctable, comme le pensent d'autres ? « *M. Verry menait sans doute grand train et était un peu décalé. Mais s'il a pu finir tranquillement sa vie, c'est grâce à François Pinault* », rappelle un ami de ce dernier, Pierre-Yves Le Mouël. Geste de rédemption ou générosité naturelle, l'entreprenant Breton a, en effet, logé jusqu'à sa mort, l'ancien négociant dans une maison du bord de Rance.

Ces faillites en chaîne ne lui valent pas que des amis. La fameuse Fédération des importateurs le piège durement quand elle découvre que François Pinault est brouillé avec... le système métrique. Il faut savoir que le commerce des résineux est dominé par les Anglo-Saxons et que l'unité de mesure internationale est le pouce anglais, qui vaut 25,4 millimètres. Quand les menuisiers travaillent sur des pièces de bois standard, ils utilisent des planches de 2,5 pouces d'épaisseur sur 7 pouces de largeur, c'est-à-dire de 63,5 millimètres sur 177,8. Deux nombres à migraine que tous les professionnels arrondissent par convention à 65 sur 180. Cette petite « gratte » est admise. François Pinault, lui, met sur le marché des planches de 60 sur 170 qui, miracle de la conversion, sont communément vendues pour du 65 sur 180. La Fédération dénonce une combine et porte plainte. Le différend, qui a beaucoup nui au négociant breton, se règle par une transaction.

Lorsqu'il évoque cette époque, François Pinault retient plus volontiers l'un de ses faits d'armes. Son bras de fer avec les dockers quand, chauffés à blanc par de petits concurrents, ceux-ci refusèrent de décharger l'un de ses bateaux. Il explique qu'il le fit lui-même avec ses clients et ses équipes de Rennes. « *Pour limiter les dégâts*, raconte-t-il, *je suis allé boire un verre avec les dockers et je leur ai expliqué : vous faites le jeu des grosses entreprises contre les petits indépendants. Du coup, ils nous ont laissés faire* [1]. »

De cet épisode, René Freulon n'a pas le moindre souvenir. « *De visu, je ne l'ai jamais vu sur le port.* » Mais le secrétaire de la CGT Docks, lui, garde en mémoire un autre conflit, celui des pointeurs. Ceux-ci, présents sur tous les quais, notaient tout ce qui était déchargé. « *Nous exigions qu'ils soient des dockers. Comme tous les autres patrons du port, Pinault ne le voulait pas. Il préférait embaucher des patrons de bistrots ou des retraités. Il avait délégué l'un de ses bras droits, Hubert Guidal, qu'à la CGT Docks, on surnommait le SS.* »

Il faut dire que le tri des bois à la source avait considérablement réduit le travail de déchargement. Une grue suffisait pour emporter les madriers, avivant les tensions sur le port. De plus, les dockers n'appréciaient guère de voir arriver les camions de Daougabel ou de Panaget avec leurs ouvriers pour le transbordement. « *Le système Pinault était en cause, mais lui-même n'apparaissait pas en première ligne* », souligne Jean-Pol Guguen.

Vaincu par la réforme portuaire, René Freulon, le « bloc de granit », a aujourd'hui pris sa retraite. Après deux années d'un conflit exceptionnellement dur, les dockers de Saint-Malo ont capitulé le 20 novembre 1993, défaits en partie par ce qu'il estime être une trahison : « *Pendant la grève, les bateaux étaient déroutés sur Honfleur alors que nous avions prêté main-forte au port normand, en 1978-1979, dans un conflit les opposant à François Pinault.* »

1. « Les travaux et les jours de François Pinault », *op. cit.*

L'Agence maritime de Bretagne, elle, prospère toujours à l'ombre des remparts. Les 30 % du trafic qu'elle assure au port de Saint-Malo, les 90 % qu'elle apporte à celui de Honfleur lui valent de dégager une coquette marge de 25 %. Mais elle n'est plus qu'un confetti de l'empire. Trente-cinq personnes, un chiffre d'affaires de 36 millions de francs, une vétille dans un groupe aux 70 000 salariés et dont les ventes dépassent 110 milliards. L'Agence n'est plus que la mémoire vivante des premiers combats de François Pinault. Ceux du temps où l'importation de bois faisait l'argent du groupe et la richesse de son propriétaire. Depuis, l'entrepreneur est passé à bien d'autres ambitions.

Pinault, petit patron

« *Messieurs, j'ai essayé, ce samedi matin, de vous joindre par téléphone à l'agence de Nantes. Et l'on m'a répondu qu'aucun d'entre vous n'était venu au bureau. Je trouve inadmissible que les responsables de Nantes qui ont le plus besoin de travailler pour rentabiliser leur affaire se conduisent de façon si décontractée. Je peux vous préciser que les responsables de Rennes et de Saint-Malo sont à leurs bureaux tous les samedis matin pour liquider les affaires courantes de la semaine qui se termine et pour préparer leur travail de la semaine suivante.* » Le rappel à l'ordre est signé François Pinault. Plus qu'un coup de sang, c'est un trait de caractère.

Autoritaire. Ombrageux. Capable de bombarder ses collaborateurs de notes tout à fait désagréables. Injuste et hâtif, aussi, puisque les responsables de Nantes arrivèrent passé neuf heures, quelques minutes seulement après le fameux coup de fil. En 1970, à 34 ans, loin des variations à la mode sur le management participatif, le jeune entrepreneur endosse aisément les habits de patron de droit divin. Des habits dont il ne se défait pas. En 1987, au lendemain de Noël – c'est un samedi –, ses directeurs se souviennent encore de l'appel téléphonique, ingénument passé pour pointer les présents. Plus tard, c'est le dimanche que des cadres viendront au rapport en son château de la Mormaire.

Même ses très proches n'y échappent pas. Actuel P-DG de la filiale Pinault Distribution, Hubert Guidal se revoit lui annonçant, un soir, qu'il doit partir plus tôt pour garder sa fille. Le lendemain, vers 19 heures, François Pinault engage la conversation :

« *Que fait votre femme ?*

– Elle travaille chez Oberthur.

– Combien gagne-t-elle ?

– 1 500 francs par mois.

– Je vous augmente d'autant. Qu'elle reste à la maison pour garder le bébé. »

Ce qu'elle fit. Depuis, Hubert Guidal a tiré à sa manière profit de l'incident, qui raconte avoir récemment mis en garde un jeune collaborateur contre l'influence excessive de son épouse. « *Si tu veux progresser, il ne faut pas lui laisser fixer tes horaires.* » Travailler avec François Pinault demande beaucoup de disponibilité. Certains disent d'abnégation. Des anciens préfèrent parler d'aliénation.

« *C'est quand même un emmerdeur* », dit son copain Bernard Le Moux en contant leurs mémorables séances de jogging, ces dimanches où ils couraient à 9 heures. « *Si j'arrivais à 9 h 10, il était déjà parti.* » De la détente ? De l'entretien. De la discipline de vie, comme il l'explique à ses proches. De la maîtrise. Celle-là même qui le fait, jeune patron, quitter les dîners à 22 heures, s'il y a négociations le lendemain. Celle aussi qui l'amène, sans y toucher, à tester en permanence ses propres amis. À dire blanc quand il pense noir, à faire monter la discussion pour mesurer les réactions.

Très tôt, d'ailleurs, la réputation des Établissements Pinault n'est plus à faire. Dès son entretien d'embauche, en 1970, Eugène Herfroy, aujourd'hui numéro deux de la branche bois et matériaux, est prévenu par le psychologue : « *C'est une boîte très dure. Mais à sa tête il y a quelqu'un de très ambitieux. Vous pourrez évoluer avec lui.* » À l'époque, le franc-tireur du bois recrutait en effet dans le rang. « *On entrait au bas de l'échelle*, dit Eugène Herfroy. *On démarrait systématiquement en magasin pendant trois mois. Le souhait de M. Pinault était que tout le monde découvre la manutention, le sciage et le traitement des bois* ». Débauché de chez Alain Verry où il était cariste, Hubert Guidal entre comme magasinier. Raymond Masson, actuel adjoint au maire de la cité malouine, fait ses classes sur les quais.

À l'époque, les Établissements comptent deux négoces, l'un à Rennes, l'autre à Saint-Malo, et emploient 30 personnes. Le patron s'occupe en direct de l'importation. « *Il était impressionnant*, commente Hubert Guidal. *Il pouvait se prendre à 11 heures, une ardoise de 300 000 balles et, dans la foulée, à 11 h 10, recevoir notre plus gros fournisseur comme si de rien n'était.* »

À ses côtés, Michel Paczerski, l'ancien condisciple du collège Saint-Martin, gère les quatre-vingts plus gros clients. Jean-Rémy Jacquemin anime les représentants chargés de visiter les 1 500 petits artisans, s'approvisionnant auprès de la société. L'embauche se fait à 6 heures du matin. Le boulot est intense. Les exigences, énormes. Même prévues par contrat, les primes ne sont pas toujours au rendez-vous. Depuis, les « grognards » ont été dédommagés. En 1988, lorsque le groupe est introduit en Bourse, François Pinault distribue gratuitement des actions aux fidèles des fidèles. Il s'arrange ensuite pour que les premiers dividendes constituent leur mise de fonds pour l'achat de *stock-options* à l'anglo-saxonne. Vu l'exceptionnelle progression, depuis, du titre Pinault-Printemps-Redoute à la Bourse de Paris, l'affaire a été belle. « *Il est très généreux envers les gens très loyaux* », souligne Henri Bahuon, l'ancien gérant de la filiale de Saint-Malo.

Route de Lorient, le plus mauvais jour était le lundi : François Pinault avait eu vingt-quatre heures pour réfléchir. Des instructions, des notes, des coups de gueule, il ne laisse rien passer. Une fois, près d'un entrepôt, il voit un gros madrier abandonné dans la boue. Il fait tomber de sa poche un billet de 100 francs. L'ouvrier qui travaille à côté se baisse pour le lui ramasser. Aussitôt, le patron l'engueule : « *Le madrier aussi vaut 100 francs. Pourquoi le laisses-tu traîner ?* » Un hiver, son directeur de Nantes lui fait part des difficultés d'intégration d'un cadre commercial. « *Je lui ai prolongé sa période d'essai* », l'informe-t-il. L'entrepreneur acquiesce, entre en réunion et vire publiquement le cadre en lui donnant cinq secondes pour ramasser ses crayons.

Mais « Napoléon » sait aussi se faire enjôleur quand il veut se faire pardonner. Invitation à dîner, foie gras, bouteille de Château-Yquem servent à faire oublier l'accès de colère. Comme cette lettre, par exemple, qu'il avait jetée à la tête de son directeur général, Jacques Denis, venu l'informer du retard pris par un fournisseur de calendriers publicitaires. Pendant trois jours, les deux hommes ne s'étaient parlé que par Post-it alors que Jacques Denis, ami de la famille, avait été recruté quelques années auparavant avec des égards inhabituels : « *Ainsi que la signature en a exprimé le vœu*, écrivait François Pinault, *nous souhaitons que notre collaboration soit vraiment fructueuse et que nous formions une équipe de direction dynamique au sein de laquelle règne la bonne entente.* » Quand il veut éviter une rupture, François Pinault sait passer brusquement de la menace la plus brutale à une indéniable séduction, replaçant d'un regard, d'un silence, d'un compliment bref son interlocuteur sous son ascendant. Et n'hésite pas, quand il le faut, à mettre les petits plats dans les grands.

C'est que la table du maître s'agrandit. Le petit gars de Trévérien s'est imposé à Rennes et a conquis Saint-Malo. Son entreprise y est désormais à l'étroit. Nantes, son Palais des ducs de Bretagne, son port d'importation de bois exotiques et, surtout, son bocage à la menuiserie vivace font figure de passage obligé. Le principe du négoce veut, en effet, qu'on ne livre pas au-delà d'un rayon de 70 kilomètres pour que les camions fassent l'aller et retour dans la journée. François Pinault décide de franchir le pas quand une entreprise lyonnaise, en difficulté, se retrouve dans l'obligation de rétrocéder une partie des terrains qu'elle avait loués sur la route de Pornic, près du port de Cheviré. Sur quatre à cinq hectares, il bâtit alors sa première grande implantation industrielle. Désormais, il surnomme son quai de Saint-Malo « la biquerie ».

François Pinault se sent à la tête d'un groupe. Mais l'orgueil le dispute à la crainte d'être dépassé. Désormais, il lui faut un organigramme. Il veut fixer les « responsabilités et pouvoirs » de chacun. C'est le début d'une longue série de remises à plat, caractéristiques de sa gestion, qui seront à chaque fois l'occasion pour lui de solder une croissance effrénée, de se redonner du champ – de préserver son œil – et de... renouveler les allégeances.

Pour cette première fois, François Pinault recourt aux conseils de Louis Le Pensec. Celui qui n'était pas encore ministre socialiste, étrenne alors ses premiers mandats politiques : Maire de Mellac dès 1971, puis député du Finistère deux ans plus tard. Toutefois, c'est au consultant en ressources humaines que François Pinault fait appel. Après un passage chez le fabricant de poids lourds SAVIEM, Louis Le Pensec avait fondé une société, le CRAFIDE, le Centre de recherches et d'applications pour la formation et l'intéressement dans l'entreprise. En s'assurant des services d'un consultant, le négociant inaugure ainsi ce qui deviendra une autre singularité de sa gestion : l'appel à des compétences, voire plus volontiers encore à des personnalités extérieures.

Reste à baptiser l'ensemble. L'entrepreneur, qui veut fusionner les Établissements Pinault, toujours simple société en nom personnel, avec sa structure d'importation France Bois, une SA récemment mise en place, cherche un nom. Ce sera Pinault France. La nouvelle enseigne est un succès. De notoriété amusée, en tout cas. « *Pourquoi pas Pinault Europe ?* » demandent les clients. Aujourd'hui encore, à Trévérien, les villageois narquois disent « Pinault France » lorsqu'ils veulent parler de François.

Rebaptisée, l'entreprise gagne la banlieue de Rennes, à Pacé, le long de la quatre-voies. Avec un bonheur relatif, Bernard Le Moux, le copain, s'improvise architecte. Dans le cube de béton gris, le temps s'est arrêté. Décor et mobilier n'ont pas changé depuis que François Pinault a gagné la capitale. Face à l'hypermarché Cora, le bâtiment sans grâce abrite toujours Pinault Distribution où Hubert Guidal a récemment rapatrié le siège, un temps parti à Sèvres en région parisienne.

L'éloignement de l'état-major central, le « glamour » du Printemps ou de la Fnac, les activités purement financières du holding patrimonial de François Pinault, Artémis, ont périodiquement relancé les rumeurs de cession. Vendre des plinthes ou des encadrements de fenêtres peut-il encore séduire quand on saute de jet en jet, que l'on quitte le château de la Mormaire pour gagner Saint-Tropez ? S'accrocher à ce métier a-t-il un sens, quand tout Paris vous voit banquier ? « *Si François n'avait pas eu des liens très forts avec Hubert Guidal et les autres, il n'aurait pas gardé Pinault Distribution* », assure un proche.

Ce désintérêt apparent a longtemps été accrédité par l'affaiblissement des positions de Pinault Distribution. Avec 115 agences, 3 200 salariés et 3,85 milliards de francs de chiffre d'affaires, la filiale n'occupe plus que 5 % du marché français du gros équipement de la maison (de la porte au carrelage, de la fenêtre à la baignoire), quand la filiale de Saint-Gobain, Point P, en totalise le double. Mais en rachetant, en septembre 1997, Becob, le numéro trois du secteur, à la mère de Bernard-Henri Lévy, qui souhaitait s'en défaire, le groupe Pinault a pris ce raisonnement à contre-pied. Le milliardaire serait-il parfois sentimental ?

C'est bien, en tout cas, chez Pinault Distribution que l'homme d'affaires a envoyé son fils et successeur présumé, François-Henri, effectuer son apprentissage de P-DG. Dans le métier d'origine du groupe. Plus qu'un parcours d'initiation. Presque un rite dynastique. Rien, dans ce passage, n'avait été laissé au hasard, de la protection discrète et indéfectible d'Hubert Guidal au recrutement d'un précepteur attitré, Jean-Loup Perton, un professeur d'HEC venu assister les premiers pas de l'héritier. Des détails qui disent encore le poids affectif du bois. Des détails qui valent adoubement.

Pinault, le spéculateur

On ne fait pas de l'or avec du bois. François Pinault ne serait jamais devenu alchimiste, et riche, s'il n'avait spéculé sur le sucre. Une entreprise vendue, puis rachetée. Des liquidités qui tombent à point nommé. Un « tuyau » providentiel. L'homme d'affaires empoche une plus-value de cent millions de francs. Côté rose, le flair, la baraka, le culot, bref l'histoire édifiante d'un talent d'exception. Côté gris, des rencontres en eaux troubles, une descente de gros bras et un différend fiscal qui mettra six ou sept ans à se régler. En résumé, un vrai « polar ».

Comme dans un roman noir, l'histoire commence par un coup dur. Pinault France grandit trop vite. Sa banque, le Lyonnais depuis peu, s'inquiète. L'entreprise, qui a de gros besoins financiers, vit de lignes d'escompte et le crédit repose sur la seule tête du fondateur. Parmi ses clients, la banque compte Venesta International, un holding britannique à la trésorerie pléthorique depuis qu'il a rapatrié de l'argent des Indes et qui cherche à se diversifier dans l'Hexagone. Le holding a déjà repris en région parisienne Luterma, une affaire de contre-plaqué à La Courneuve, et Bignan, un négoce de sanitaires à Saint-Maur. Pourquoi pas Pinault France ?

Le Lyonnais met les Britanniques et François Pinault en contact. « *La proposition des Anglais l'a d'abord surpris. Il a eu un moment de doute*, reconnaît son ami, Pierre-Yves Le

Mouël. *D'un côté, il ne serait plus propriétaire de son affaire. Mais, de l'autre, l'assise de Venesta lui donnerait les moyens d'accélérer son développement.* » Il contacte Sven Stenbaeck, l'agent suédois installé rue Vivienne à Paris qui préfinance ses achats de bois, et lui demande un service : monter une contre-offre pour l'aider à mieux valoriser son affaire. Après quelques semaines de négociations, il tranche. Pour un million de livres sterling, l'entreprise bretonne, tout juste rebaptisée Pinault France, passe sous pavillon britannique. On est en 1973. François Pinault, qui garde 20 % du capital et les rênes de sa société pour cinq ans, n'a jamais été aussi riche. Fin du premier chapitre.

Le deuxième s'ouvre sur une période heureuse. Le ministre Jean-Pierre Fourcade donne un coup de fouet au secteur du bâtiment, gros consommateur de bois, en accordant un avantage fiscal à la construction neuve. Les affaires sont bonnes et l'argent de Venesta finance les projets de développement du groupe. C'est le boom. Pinault France affiche une croissance de 20 à 25 % l'an.

Le négociant, toujours aux commandes, sillonne la Bretagne. Rachète de petites affaires à Morlaix, Redon et Laval. Ouvre des dépôts à Quimper, Brest, Saint-Brieuc, Pontivy ou même à La Roche-sur-Yon. Désormais, le réseau de distribution s'étend de la Bretagne à la Mayenne, de la Vendée aux Deux-Sèvres. Il veut s'implanter partout, sur des terrains vierges et pas chers, en bordure de quatre-voies, à proximité d'un échangeur. Bien avant Castorama et Leroy-Merlin, François Pinault applique les fameuses règles des *category killers* américains, ces grandes surfaces spécialisées qui font le vide autour d'elles. Plus tard, il se lancera même dans la franchise, avec l'enseigne de bricolage Brico France qu'il revend en 1988 à la famille Cam, alors propriétaire du grand magasin Printemps à Brest et des hypermarchés Rallye.

Mais François Pinault s'occupe aussi de lui. De sa fortune récente, plus exactement, qu'il entend bien faire fructifier. Manquent, la première fois, le flair et la baraka. Pour son premier placement, l'heureux entrepreneur, néophyte à la Bourse, subit de plein fouet une chute brutale des cours. Pour le second… il agit différemment. Il joue sur un « tuyau » que lui fournit obligeamment Roland Gadala, administrateur de Peugeot et de Saint-Gobain, un homme de la vieille bourgeoisie d'affaires qui, avec son épouse Roxane, a pris sous son aile le jeune entrepreneur. Les Gadala le présentent à un de leurs amis, un certain Jean Garnier. Ce dernier, dont la route croisera quatre ou cinq ans celle de François Pinault, est un intime de Jean-Marie Le Pen. Il vit alors avec Jeanine Paschos, dite Jany, l'actuelle épouse du leader du Front national.

Le « tuyau » était bon. En un an, avec l'aide discrète d'Helga Singer, une spécialiste des marchés qui poursuivra ensuite sa carrière dans des banques d'affaires, et du courtier Maurice Nataf, François Pinault spécule sur le sucre. Il achète et vend des lots, empoche au passage 10 millions de francs pour une mise initiale dont il a, lui-même, précisé un jour qu'elle était de 300 000 francs. Le tout, sans acquitter un franc d'impôts, comme le lui reprochera, plus tard, le fisc. Sa réussite fait, au moins, un envieux. Fasciné, Jean-Marie Le Pen s'y risque à son tour et perd d'un coup plusieurs dizaines de millions de francs selon *Les Dossiers du Canard* [1]. Fin du deuxième chapitre.

Au troisième, la déconfiture de Venesta se profile et

1. *Les Dossiers du Canard.*

François Pinault sort les matraques. La crise pétrolière a si bien mis sur le flanc le groupe britannique que ce dernier a été contraint de pomper la trésorerie de Pinault France pour renflouer Bignan, sa filiale de Saint-Maur. On prête alors à Venesta l'intention de revendre l'ensemble de ses sociétés françaises. François Pinault, à qui le sucre en a fourni les moyens, entend récupérer la sienne. Véritable Machiavel, il engage une double partie de poker menteur. Avec ses fournisseurs. Avec ses actionnaires.

Auprès des premiers, il entretient la rumeur d'un possible dépôt de bilan. Recevant celui qui venait de lui vendre dix grues, il se fait faussement rassurant. « *Si on le dépose, je vous paierai* », dit-il simplement. La rumeur enfle. « *Pour faire le plein d'essence, il fallait un chèque. Sinon, la station-service refusait de nous servir* », raconte, goguenard, l'omniprésent Hubert Guidal. L'inquiétude gagne jusqu'à certains fournisseurs suédois qui font le voyage de Rennes pour inciter François Pinault à déboucler ses contrats. Ce que le Breton fait d'autant plus volontiers, que ses chefs d'agence ont commandé plus que de raison. Jean Leprince, fraîchement nommé directeur général, est même contraint de survoler toute la région, pour trouver un terrain de stockage où seront entreposés les bois après avoir été tringlés en lattes !

François Pinault se retourne alors vers ses actionnaires et leur réclame l'argent prêté à Bignan, nécessaire pour payer les dédits, énormes prétend-il, que lui réclament les Suédois. Quand Venesta s'avoue incapable de payer, il comprend vite le parti qu'il peut en tirer. Il les accuse, les accule, les bouscule. Emmenés par Hubert Guidal, une escouade de chauffeurs débarquent à La Courneuve et séquestrent le conseil d'administration. Une nuit durant, Pinault jouant au caïd « cogne dur », arrache le cigare de la bouche d'un administrateur, balaie d'un revers de main le service à thé et emporte, à 4 heures du matin, le contrôle de Pinault France. Le numéro d'intimidation paie. La transaction se fait pour une bouchée de pain. C'est le scénario de *Main basse sur la ville*.

Il rachète pour 10 millions de francs dont 5 payables immédiatement Pinault France et ses 13 dépôts, ce qu'il avait vendu 25 avec 3 agences seulement deux ans auparavant. Et comme dans les romans noirs on ne s'embarrasse ni de justice ni de morale, le prix du bois s'effondre sitôt l'affaire faite. Tous les concurrents souffrent. Certains meurent. Pinault France, dont les principaux contrats ont été dénoués, s'en tire mieux que tous les autres. L'entreprise a payé 10 millions de francs de dédits, quand l'application des contrats initiaux l'aurait fait plonger de 50. Fin du dernier chapitre.

Le sucre. L'entreprise vendue cher et rachetée pour rien. La chute des cours du bois qui n'épargne que lui... « *Il était assez fier de son coup. Jusqu'alors, il avait bien mené sa barque. Mais là, tout avait changé. Il avait réalisé le rêve de tout chef d'entreprise : développer une très belle affaire et avoir une fortune personnelle. Avoir le beurre et l'argent du beurre* », souligne Pierre-Yves Le Mouël. En deux ans, François Pinault s'est en effet hissé parmi les gros entrepreneurs de Bretagne. Parmi les plus aisés, aussi.

Oubliée, la route de Lorient et son quartier animé de petites gens. L'entrepreneur, remarié avec Maryvonne Campbell, vit désormais dans un manoir, la Droulinais à Bruz, entre Rennes et Pacé. Il se déplace avec son propre avion. Le goût lui est venu par l'intermédiaire de son ami Bernard Le Moux, devenu propriétaire d'une petite compagnie, Air Armor, de trois appareils. « *François a trouvé l'idée bonne*, raconte celui-ci. *Il a passé un contrat de location pour lui-même et ses collaborateurs. Puis il a sauté le pas. Il a acheté son premier appareil, un Beechcraft 90, et a débauché Jacques Magne qui était pilote dans ma compagnie.* »

La Droulinais, le Beechcraft 90... Aujourd'hui, le château de la Mormaire, le Falcon 900, la « Rolls » des avions que François Pinault s'est offert il y a deux ans. Entre les deux, de nouveaux coups financiers et, surtout, l'acquisition d'une influence considérable auprès des milieux économiques et politiques. Une influence qui lui fait encore défaut au sortir de l'affaire Venesta et qu'il va patiemment s'employer à tisser.

Pinault le giscardien

Quand Valéry Giscard d'Estaing, en campagne pour l'élection présidentielle de 1974, tient meeting à Rennes avec Jean Lecanuet, il descend à Bruz, chez les Pinault. Une étape obligée, en quelque sorte, pour le candidat. « *À l'époque, quand on débarquait dans la capitale bretonne, qu'y avait-il dans le secteur ? François, sa maison de la Droulinais, une propriété accueillante* », explique non sans une certaine candeur Michel Giraud, ancien président RPR du Conseil régional d'Île-de-France.

La Droulinais, il est vrai, est un point de chute bien pensé sur le chemin de l'aéroport. Et, surtout, un très joli manoir : des meubles élégants, une superbe malouinière dans la salle à manger, de beaux tableaux, des Magnelli somptueux et des œuvres de l'École de Pont-Aven. François Pinault a voulu tout cela. Il n'est pas homme à subir le hasard. Avoir des relations, politiques de surcroît, se construit. Se planifie. Se cultive. Entré dans le cercle des patrons fortunés, l'entrepreneur va s'appliquer à le faire. Méthodiquement.

Tout commence avec Jean-Jacques Servan-Schreiber. Le premier directeur général des Établissements Pinault, Jacques Denis, sert d'entremetteur. Membre du bureau national du Centre des jeunes patrons, proche de leur leader, José Bidegain, celui-ci apprend que « JJSS » vient à Rennes pour présenter son *Défi américain*, l'essai dont tout le monde parle. François Pinault veut en être. Il rencontre le chef de file du Mouvement des réformateurs, dont il devient aussitôt l'un des chauds partisans.

La tocade ne dure pas. C'est alors que l'ambitieux négociant, homme de droite fasciné par le pouvoir économique, choisit de se rapprocher de la Jeune chambre économique qui l'introduit dans les milieux Républicains indépendants. À l'époque, « *la société rennaise était une société clivée*, explique Mireille Louvigné, une amie de la famille qui était aussi l'épouse du médecin de François Pinault. *Vous faisiez partie de l'aristocratie, de la bourgeoisie ou des officiers de carrière. François ne venait d'aucun de ces milieux-là. C'est-à-dire, de rien. Je ne l'ai jamais rencontré à des réceptions ou à des mariages. Je ne l'ai jamais vu invité par les grandes familles* ».

Dans la ville, une expression résume ce clivage : « l'épaule rennaise », ce geste d'indifférence du notable avec qui vous aviez dîné la veille et qui, le lendemain, en vous croisant, vous ignorait d'un haussement d'épaule. Claude Champaud, vice-président du Conseil régional de Bretagne, s'amuse toujours d'une anecdote : « *Je me souviens d'une jeune fille de ce milieu, Catherine Bodin, qui me disait : "Nous ne parlons plus à ce cousin car c'est un Chrétien rouge". Catherine Bodin*, précise-t-il, *est aujourd'hui Catherine Lalumière, ancien ministre de François Mitterrand.* » Pour cette bourgeoisie de robe qui vivait sur les ruines d'une fortune terrienne, un entrepreneur comme François Pinault n'était qu'un parvenu.

Comment sortir de ce statut handicapant ? Le P-DG des pavillons Le Moux, qui s'essaie vaguement à la politique, privilégie le sport. Il devient président du Stade rennais où il fait entrer son copain François au conseil d'administration. « *C'est lui qui nous a ramené Pokou, un joueur ivoirien, Ballon d'argent d'Afrique, l'un des meilleurs avant-centre que j'ai connu* », rappelle-t-il. Mais, sur ce point en tout cas, Pinault n'est pas Tapie. Quand Bernard Le Moux jette l'éponge, il n'envisage pas de prendre le relais. « *S'il avait voulu, il aurait pu diriger le Stade rennais. Mais je lui ai déconseillé. Cela a été les quatre années les pires de ma vie* », conclut l'ancien promoteur. Ce n'est que bien plus tard, sur l'insistance d'un autre Breton, Pierre Blayau, ami de Michel Platini et éphémère président du directoire de Pinault-Printemps-Redoute, que François Pinault acceptera d'être le « sponsor » du club rennais. Puis de le racheter. Sans jamais vouloir le diriger.

Plutôt que de fréquenter les arcanes du foot, le jeune homme d'affaires préfère mesurer son ambition à celle de ses semblables de la Jeune chambre économique. Annexe de la Chambre de commerce et d'industrie, celle-ci pratique alors un recrutement assez ouvert. C'est un lieu de formation axé sur la décentralisation et l'aménagement du territoire. Une bande de copains s'y retrouvent, désireux de se lancer dans les affaires ou dans la politique. Ils se réunissent une fois par mois pour apprendre des méthodes de management, organisent des dîners-débats. Plus de mille personnes viennent ainsi écouter le commissaire européen Sicco Mansholt sur la politique agricole communautaire.

L'état d'esprit dominant est assez proche de celui des Jeunes républicains indépendants en Bretagne. On y brocarde le MRP, le parti des notables installés. On est persuadé « *qu'on ne fera rien avec lui, faute d'être né bourgeois et de baiser la main de l'évêque* ». Pour les membres de la Jeune chambre, les Républicains indépendants incarnent en revanche une image complètement différente, celle d'une société à l'américaine, de réussite sans pesanteur ni contrainte. Ces Bretons *new look* veulent de l'argent, du concret, sans les castes et les faux-semblants des bigots.

À la Jeune chambre, quelques hommes jouent un rôle clé. Le bras droit de François Pinault, Jacques Denis, préside. Futur patron de l'ENA, René Le Bris est des participants de la première heure. Journaliste à l'ORTF, Jean-Pol Guguen y assoit une carrière qui le portera à la direction régionale de FR3-Bretagne pendant douze ans, un record, puis à celle de France 3 Île-de-France. Giscardien, poulain de Jean-Pierre Soisson et professeur de droit à la fac de Rennes, Jean-Pierre Chaudet y prépare une carrière politique qui s'achèvera lorsque l'un de ses obscurs et jeunes assistants, Edmond Hervé, lui fera mordre la poussière aux élections municipales de 1977. Il est aujourd'hui le trésorier-payeur général du département de la Sarthe.

Quant au secrétaire général de la Jeune chambre, il n'est autre que Jean-Marie Le Chevallier, responsable à l'époque du Comité d'expansion d'Ille-et-Vilaine. Le futur maire Front national de Toulon préside le comité local de soutien à la candidature de Valéry Giscard d'Estaing, pour lequel il obtient l'aide de François Pinault. À Rennes, Le Chevallier est aussi le patron des Jeunes républicains Indépendants avec l'appui de Michel Poniatowski ainsi que de Jacques Dominati dont il sera chef de cabinet. Deux hommes d'un certain giscardisme, entretenant des sympathies ambigües avec l'extrême droite. Un autre membre de la Jeune chambre connaîtra d'ailleurs un parcours similaire à celui de Jean-Marie Le Chevallier, Pierre Maugendre qui se présentera lui aussi sur une liste FN.

De ce petit monde éclectique, perpétuellement en quête d'une place dans la vie rennaise, François Pinault met à profit l'entregent. Il ne se contente pas de suivre les débats théoriques et d'étudier les graphiques économiques, restés fameux, du président Denis. Il en fait un tremplin pour mettre un pied dans l'univers politique. Pour se sortir des cercles bretons et s'introduire dans ceux de la capitale. Bref, pour se construire son premier vrai réseau de relations.

Bien sûr, le charme de la Droulinais y contribue. La gentillesse et l'affabilité de Maryvonne Pinault, aussi. Tous les familiers du manoir parlent de « *son aisance naturelle* », de « *sa cordialité* », de « *ses talents de maîtresse de maison* ». De « *son goût pour les belles choses* » aussi, fruit d'une éducation bourgeoise et qui lui vaut de tenir, pendant quelques années et avec un certain succès, un petit magasin d'antiquités, Happy Days, rue du Chapître à Rennes.

Et puis il y a l'avion, le Beechcraft 90, dont François Pinault comprend très vite l'utilisation politique qu'il peut en faire. « *À l'époque*, raconte son vieil ami Pierre-Yves Le Mouël, *quand nous rentrions en avion sur Paris, Michel Poniatowski était déjà avec nous.* » Pour ce dernier, d'ailleurs, le forfait est repas compris. « *La première fois que j'ai pris un petit déjeuner chez Pinault, c'était à l'occasion d'un déplace-*

ment de Ponia à Rennes », se souvient le vice-président RPR du Conseil régional de Bretagne, Claude Champaud. Bien d'autres proches du président Valéry Giscard d'Estaing profitent de l'avion-taxi : Jacques Dominati, bien sûr, mais aussi Jean Serisé, directeur de cabinet à l'Élysée, et Simone Veil.

Quelques années plus tard, quand François Pinault commence à intervenir dans la vie politique rennaise, le giscardisme est démodé. C'est au RPR, désormais, que l'entrepreneur accorde ses faveurs. Il aide Claude Champaud à s'imposer comme le candidat de la droite aux élections municipales de mars 1983. Il récidive en 1989, facilitant l'entrée en politique d'Yvon Jacob, le patron de Legris Industries. Mais, désormais parisien, c'est à un tout autre niveau que le milliardaire use l'essentiel de son influence. « *François Pinault ne joue pas un vrai rôle politique en Bretagne, mais il a des relations* », commente laconiquement mais tout sourires le sénateur, président du Conseil régional de Bretagne et ancien ministre du général de Gaulle, Yvon Bourges. Qui d'autre de mieux placé que lui pourrait le dire ?

Pinault, pilleur d'épaves

François Pinault délaisse Saint-Malo. C'est son bras droit, Hubert Guidal, qui négocie désormais les importations de bois. « *Je l'avais accompagné acheter des grumes au Canada et en Suède*, raconte celui-ci. *Au retour, il m'a dit : Maintenant, vous avez vu. La prochaine fois, vous y allez seul* ». L'homme d'affaires n'en est pas, pour autant, plus assidu à Rennes. Il fréquente moins les bureaux flambant neufs de Pacé. « *On le voyait le week-end chez lui, à la Droulinais* », se souvient Eugène Herfroy, directeur général adjoint de Pinault Distribution.

En cette fin des années soixante-dix, le groupe est sur les rails. Le patron délègue. Il s'occupe de ses nouveaux centres d'intérêt. À Paris, il s'essaie, dans la plus grande discrétion, à la promotion immobilière et à la production d'ardoises. En province, il découvre les charmes des tribunaux de commerce. Il devient repreneur d'affaires. Il le sera pendant douze ans, créant même une société *ad hoc*, France Bois Industries, dont il détient 97 % des parts. Comme le reconnaît son ami Jean-Pol Guguen : « *François détestait qu'on l'appelle le Tapie du bois. Pourtant, il a eu la même démarche.* »

Les « Trente Glorieuses » sont closes. Dix mille faillites d'entreprises suivent le premier choc pétrolier. Elles sont vingt mille avec le second, dont bon nombre dans l'industrie traditionnelle. La transformation du bois n'y échappe pas. C'est l'époque où se développe un « business » lucratif dans la reprise de sociétés à bout de souffle. François Pinault voit le profit qu'il peut en tirer. Comme Bernard Tapie, comme d'autres, le Breton découvre les procédures de règlement judiciaire, leurs failles, leurs facilités.

Tout le « business » repose sur le dépôt de bilan. Dans le souci de sauver l'emploi, les pouvoirs publics ont rédigé une législation sur mesure, avec allègement des charges et sacrifice des créanciers. Tout est fait pour donner leur chance aux repreneurs et éviter une liquidation. Les emprunts ? Il y a déchéance du terme : les dettes sont suspendues, en principal et en intérêt. Les salaires ? Ils sont pris en charge. L'Association pour la gestion des créances des salariés (AGS), un organisme patronal, assure la dernière paie avant le dépôt de bilan et avance le coût légal des licenciements, des indemnités, des congés payés...

Le repreneur se trouve alors à la tête d'une société à la trésorerie artificiellement reconstituée. « *L'entreprise connaît un état d'euphorie financière* », écrit Élie Cohen dans *L'État brancardier* [1], où il décrit parfaitement ce mécanisme.

C'est ce mécanisme justement que les émules de Bernard Tapie détournent à leur profit. « *À l'époque, tout le monde pouvait reprendre n'importe quoi, sans un rond* », explique l'actuel patron d'Arbel, Bernard Roques. Ce der-

1. Éditions Calmann-Lévy, 1991.

nier sait de quoi il parle. Il a fait ses classes dans le groupe Pinault.

L'école était bonne. Si l'on en croit un ex-représentant des pouvoirs publics, en charge de ces dossiers pendant plusieurs années : « *François Pinault se montrait plus gourmand que la plupart des repreneurs. Sa technique tenait en trois points : le rachat des actifs pour un franc pour dégager des plus-values sur stocks et comptes-clients ; l'abandon ou le rééchelonnement des créances, au prix des bras de fer avec les banques ; une subvention des collectivités publiques, arrachée chaque fois que cela était possible.* »

Le scénario est toujours le même. François Pinault repère une entreprise en difficulté. Il lui suffit parfois d'une créance. Contacte son patron. Lui propose de l'aider en l'intégrant à son groupe... sous réserve d'une « autorisation préalable du Trésor ». Une autorisation qui, bien sûr, n'existe pas et qui permet de faire lanterner sa proie. Quand le patron aux abois en prend conscience, il est trop tard. Il doit déposer son bilan. Comme le Breton est dans la place, il emporte l'affaire pour rien. « *Quitte à faire disparaître des feuilles d'inventaire au nez et à la barbe des mandataires de justice* », se rappelle un proche.

De François Pinault, ses amis disent parfois qu'il n'est « *pas un vautour mais un renard* ». Ils n'ont pas tort. L'homme, à la différence d'un Tapie, comprend vite que son intérêt est de ne pas apparaître en première ligne. Qu'il est préférable de déléguer et de se placer en position de recours. Il se choisit des équipes qui, pour emporter une affaire, se montrent d'autant plus dures qu'elles lui doivent des comptes et qu'il lui faut des résultats. Des équipes qu'il peut aussi, si les choses tournent mal, désavouer avec l'apparence d'une certaine élégance. Des années durant,

François Pinault cultive la plus extrême discrétion. Pas d'articles de presse, pas de photos, pas d'interviews... Il est en plongée.

Au fil du temps, un quatuor, son quatuor, émerge : Leprince, Roques, Caplan et Silberman. Quatre hommes, véritables Janus, qui d'un même élan traquent l'entreprise en difficulté et courtisent la France des syndics, des administrateurs judiciaires et des présidents de tribunaux de commerce. Au sein de cette formation de chasse, les rôles obéissent à des recettes éprouvées. Bâti comme une armoire normande, Jean Leprince impressionne tout en séduisant par sa faconde. Chaque rencontre est pour lui l'occasion de demander des nouvelles des proches. « *Il utilisait les petites faiblesses, les événements de la vie pour se concilier les gens* », dit un fonctionnaire qui s'est beaucoup frotté à lui. Jean Leprince sait, quand il le faut, enrober la sécheresse des arguments juridiques assenés avec conviction par l'homme de l'art, l'avocat Gilles Silberman. Lui, son registre est d'une autre nature. Prodigieusement imaginatif, il déstabilise, fait perdre pied aux plus avertis par une foultitude de considérations légales dont il devient impossible de démêler le vrai du faux. En tandem souvent, Claude Caplan et Bernard Roques jouent sans complexe la partition du bon et de la brute. L'un se fait accommodant quand l'autre rudoie.

Arrivent les années 1980. Le quatuor découvre les couloirs du CIASI, cet hôpital de campagne que les pouvoirs publics ont créé pour panser les plaies les plus urgentes, et qui devient en 1982 le CIRI, le fameux Comité interministériel aux restructurations industrielles. « *Désormais, ils vont y faire leurs courses* », ironise un ancien. François Pinault, déployant tout son art, fait grosse impression à un jeune rapporteur en charge du sauvetage de l'industrie du bois, Alain Jausselme, qui rejoindra plus tard le groupe de Bernard Tapie puis celui d'un autre repreneur d'affaires, Francis Lagarde. Tous ne sont pas fascinés. Et Suzanne Laude, ancienne du CIASI-CIRI, se fait sévère quand elle raconte les pérégrinations du quatuor : « *Les hommes liges de François Pinault étaient chargés de voir ce que l'on pouvait tirer des sociétés en termes d'actifs. Ils se déplaçaient pour évaluer le château de maître, les champs, les bois, le matériel. Il leur fallait savoir exactement ce que valait la bête. Quand ils revenaient nous voir, ils nous expliquaient qu'elle ne valait plus rien. Et une fois l'affaire en poche, ils revendaient dans l'année tout ce qu'ils pouvaient. L'entreprise devait se débrouiller par elle-même. Toute la fortune de François Pinault vient de là. De l'argent gagné sur le patrimoine des entreprises. Il a d'ailleurs regardé le grand magasin des Trois-Quartiers avec la même idée que Bouygues : réaliser une opération immobilière.* »

Plus que Lagarde, mieux que Tapie, c'est une véritable « razzia » qu'opère le groupe Pinault : des affaires de négoce d'abord comme le groupe Le Gars, rebaptisé Pinault Cornouailles, puis de fil en aiguille, d'innombrables petites menuiseries industrielles, ses fournisseurs. Des fabricants de fenêtres, d'huisseries ou de lambris, de toitures avec Charpentes et Couvertures de Bretagne, le numéro un du secteur. Il s'octroie 50 % du marché de la porte intérieure avec la SAMI à Lamballe, Frugier à Limoges, Iéna Industrie à Redon, Record et SIBM en Alsace, ainsi que les deux sites de Bruynzeel dont celui d'Ussel en Corrèze. Plus éloigné de son métier d'origine, il s'aventure même dans le meuble et la fabrication de maisons en bois, avec les deux constructeurs Ast et Houot.

« *Pinault achetait avec rien, bien sûr, puisqu'il n'avait pas de fonds propres. Il reprenait des actifs à une valeur qui peut paraître faible, mais à l'époque il n'y avait personne d'autre pour le faire*, argumente Bernard Roques, l'un des artistes du quatuor, qui ajoute : *Pinault avait donné des paquets de cautions. S'il y avait eu un retournement de conjoncture, il y aurait laissé son négoce de matériaux. Il n'avait pas de « truc » permettant d'aller plus vite que ne l'autorisait le système fiscal de l'époque. Pour être juste, le jugement que l'on porte doit être remis dans ce contexte.* »

Longtemps, François Pinault a farouchement nié ce passé. « *Je ne suis pas un repreneur d'affaires. Je suis un vrai industriel du bois* », déclarait-il catégoriquement à *Paris-Match* en avril 1988, lors de sa première campagne d'image, à six mois de l'introduction en Bourse de sa société. À l'époque, l'activité de son entreprise était encore dominée par ce secteur. Il était impossible à contredire.

Aujourd'hui que le groupe fait tout autre chose, que la plupart des sociétés de bois ont été revendues, quand ce n'est pas fermées, le recul éclaire cette période d'une lumière plus crue. La trace de François Pinault dans l'industrie du bois est difficilement mesurable. L'explosion de sa richesse personnelle, non. Le décalage est patent.

Reprendre des entreprises en difficulté, les redresser ensuite, les juxtaposer les unes aux autres n'a alors d'autres finalités que de grossir vite, chez cet entrepreneur pressé. Atteindre, à toute force, le premier milliard, le deuxième, le troisième... C'est la reprise pour la reprise. Sans stratégie de développement industriel dans un groupe de négoce dont ce n'est, de toute façon, pas la culture. Un groupe de négoce mal outillé et sans hommes pour le faire. Il faudra attendre le rachat du géant Isoroy pour que François Pinault recrute, enfin, son premier spécialiste.

Avec le recul et la transformation de son groupe, l'entrepreneur a changé d'argumentaire. Il ne se revendique plus industriel du bois. Il reconnaît s'être servi des reprises et de méthodes plus ou moins aventureuses. « *Je déplore parfois d'avoir fait quelques vacheries que je n'aurais pas dû commettre et d'avoir roulé sur quelques bandes jaunes*, déclare-t-il, toujours à *Paris-Match*, en décembre 1991. *Je me console en me disant que, lorsqu'on est dans la fosse aux lions, on est bien obligé de se battre.* »

En petit comité, les confidences vont plus loin. Il avoue s'être aussi mal comporté que Tapie avec les tribunaux de commerce, tout en s'accordant l'absolution : être bordurier, plaide-t-il, est le lot de ceux qui partent de rien, qui ne sont pas des héritiers. « *La question est de savoir où l'on met la bordure. Au bout du compte, la totalité du mécanisme a été mis en place pour un enrichissement personnel au détriment de la création de richesses. Dans son cas, il y a quand même beaucoup de cadavres industriels* », juge sévèrement un de ses anciens directeurs généraux, Hervé Guillaume.

Pinault, le bordurier

Tout commence par une nouvelle vengeance. Après l'affaire des sections, la Fédération des importateurs de bois du Nord récidive. Cette fois, elle n'admet pas que Pinault France ait débouclé ses contrats d'approvisionnements en acceptant de payer des dédits. Une pratique que le vieux code tacite de la profession réprouve. Une pratique qui a valu au négociant breton, seul de son état, d'être épargné en 1974 par la chute des cours du bois.

La Fédération, qui a ses informateurs, opte pour un croc-en-jambe. Plutôt vicieux. Elle décide de le faire tomber sur le terrain fiscal et porte plainte en Suède où l'homme d'affaires avait ouvert fin 1973, à titre personnel, un compte bancaire de non-résident – dit compte « Loro » – à la Gotabanken, un établissement financier de la ville industrielle et portuaire de Göteborg.

Ce compte, deux ans durant, a reçu des versements importants de deux gros fournisseurs suédois de Pinault France, Thern et Varmsland. Ces versements, qui atteignent la coquette somme de 1 553 195,53 francs exactement, correspondent à la différence entre le prix fixé pour l'achat de bois dans un premier contrat, et le prix révisé en hausse, sans justification apparente, tel qu'il figure dans un second contrat. Dès que les sommes versées sur « Loro » dépassent les 50 000 couronnes, elles sont, sur ordre de François Pinault, immédiatement transférées sur un compte numéroté ouvert au nom de l'entrepreneur, dans un discret établissement sis sur les bords du Léman, la Discount Bank Oversea Ltd, à Genève...

La vengeance s'avère extrêmement coûteuse. À Paris, le piège se referme. Tous les services de la rue de Rivoli se mettent en branle. Les Douanes dressent procès-verbal pour infraction à la législation des changes. Le fisc notifie de lourds redressements. Et comme si cela ne suffisait pas, le ministre du budget saisit le 28 décembre 1978, la Commission des infractions fiscales qui décide de poursuites pénales.

Le négociant se défend comme un beau diable. Affirme que l'ouverture du compte lui a été imposée par ses fournisseurs. Assure qu'il a agi sous la contrainte. Dit n'avoir cédé que pour conserver les contrats et sauver l'emploi dans son entreprise. Dans une note confidentielle, datée de 1982, la société Pinault France reprend cette ligne de défense, assurant qu'en « *prenant la décision de souscrire des avenants ou de nouveaux contrats, elle a accompli un acte normal de gestion* ».

Habile, le plaidoyer du Breton s'articule autour de deux idées. D'abord, il s'exonère. Aucune des sommes virées ne lui a profité personnellement. « Loro » n'a fonctionné que pour des opérations spécifiques et a été clôturé en 1975. Rien à voir donc, selon lui, avec une tentative d'exportation illégale de capitaux. Ensuite, il implique ses fournisseurs. L'administration, plaide-t-il, connaît les pratiques occultes des industriels étrangers et de leurs intermédiaires. « *On imagine mal*, ajoute-t-il en guise d'argument définitif, *que les fournisseurs aient perdu le bénéfice du réajustement de prix* » en m'en « *faisant profiter personnellement* ».

L'administration n'en croît pas un mot, qui réfute point par point les explications de l'entrepreneur par un commentaire sans appel : François Pinault « *ne peut produire aucun indice, aucun commencement de preuve à l'appui d'une thèse rendue invraisemblable par les constatations du dossier. Et la personnalité particulièrement affirmée* [ndlr : de l'homme d'affaires] *exclut qu'il ait pu céder à la contrainte alléguée.* »

Neuf mois plus tard, la Direction générale des impôts, dans son mémoire au tribunal administratif, enfonce le clou. Elle souligne que des renseignements fournis par l'administration fiscale suédoise lui « *permettent de penser que c'est à la demande expresse de M. Pinault, qu'une surfacturation a été faite* ». Elle explique surtout que « *le réquérant ne peut feindre d'ignorer que les sommes litigieuses lui étaient destinées* ». François Pinault n'a pas amadoué le fisc. Avec les

Douanes, il préfère transiger. Il règle 2,25 millions de francs en septembre 1981 pour solder son infraction...

La bonne foi du Breton n'a pas convaincu. Les pressions exercées par les Suédois étaient difficiles à croire. Leur existence devient franchement sujette à caution, et l'affaire prend un tout autre relief, quand on sait que le compte Loro était loin d'être un faux pas isolé... Pour nous en convaincre, rendez-vous avait été pris, par une belle journée de juillet, dans un bar de Lorient où les lève-tôt du Festival interceltique venaient boire une première pinte.

C'est là, dans le brouhaha des conversations sur le spectacle de la veille, que l'ancien collaborateur de l'entrepreneur breton avait choisi de se confier : « *Voilà les documents que vous m'avez demandés. Voilà les comptes à l'étranger avec lesquels François Pinault me faisait travailler.* » Compulsant une épaisse liasse de documents à en-tête de sociétés exotiques, mentionnant des ports, des navires et des volumes de cargaisons, notre interlocuteur, aujourd'hui retraité, se souvient : « *Le mécanisme était simple. Officiellement, des sociétés étrangères achetaient des cargaisons de bois à nos fournisseurs, qu'elles revendaient ensuite plus cher à Pinault Bretagne dirigée par Hubert Guidal. En réalité*, ajoute l'ancien collaborateur du Breton en mimant d'un air songeur le geste tant de fois accompli sur les papiers jaunis, *ces sociétés n'existaient pas et c'était moi qui signais chèques et documents sous des noms d'emprunt. La gestion de la différence entre prix d'achat et prix de revente était décidée par la direction.* »

Car le compte Loro avait des petits frères. François Pinault avait mis en place pour ses fournitures de bois canadiens des mécanismes semblables à ceux utilisés avec les industriels suédois. Deux autres sociétés *off shore*, Pan Atlantic et Seabex, alimentaient aussi un compte en Suisse.

Ce système, jamais révélé, fonctionnait dès le début des années 1980, en pleine période de contrôle renforcée des changes et au moment même où l'entrepreneur breton multipliait les recours sur son contentieux scandinave.

Mais avec Pan Atlantic et Seabex, explique notre interlocuteur, apparaissent deux hommes clés dans le dispositif Pinault, deux relations d'affaires sur lesquelles l'entrepreneur breton a toujours été particulièrement peu disert : l'Américain John J. Ryan et le Canadien John Irving. Le premier est originaire de Greensville en Caroline du Sud. Sa famille, enrichie dans le guano au Chili, reconvertie dans la filature de coton en Nouvelle-Angleterre, a longtemps fourni le Français en contreplaqué de pins jaunes, originaires du sud des États-Unis.

Aujourd'hui encore, John J. Ryan, résident helvétique à ses heures, est de toutes les structures mises en place par François Pinault. Il est administrateur d'Artémis, le holding créé en décembre 1992 pour contrôler l'ensemble des intérêts français et américains du milliardaire. Il est aussi le gérant de Forest Products International, un mystérieux holding néerlandais créé en 1977 et qui détient toujours un quart environ de Financière Pinault, le holding familial de contrôle d'Artémis.

En apparence, les liens du Breton avec le Canadien John Irving ne sont pas aussi étroits. En réalité, les deux hommes sont de véritables intimes. Ils sont de la même trempe. Connu en Amérique du Nord, le père de ce milliardaire a fait fortune dans le pétrole et, surtout, le bois : la province du Nouveau-Brunswick, berceau familial bordant l'océan Atlantique, est grande comme deux fois la Belgique et est à 80 % recouverte de forêts.

Dès leur première rencontre, le Français a été fasciné par

cette réussite spectaculaire dans cette province déshéritée de pêcheurs pauvres, peuplée à 35 % d'Acadiens francophones. « *Pour François, John Irving a toujours été un modèle* », souligne une connaissance commune. Les deux hommes aiment se voir et se recevoir. À l'été 1997, *Paris-Match* relatait dans sa chronique mondaine, la présence du milliardaire canadien sur les hauteurs de Saint-Tropez, le lieu de villégiature estival du Breton.

Le montage mis en place autour de Pan Atlantic et de Seabex est si sophistiqué qu'il fait voyager de New York à l'île de Man, en mer d'Irlande, et de Londres à Genève... Pan Atlantic Lumber Ltd était domiciliée à Manhattan, 6 East, 45th Street. Seabex Lumber Ltd était, elle, basée sur les bords de la Tamise, 25 Berkeley Square.

Pan Atlantic travaillait beaucoup avec Lignarex, société québécoise installée rue de la Vigerie à Sainte-Foix dont le port d'embarquement était Baie Comeau, en plein golfe du Saint-Laurent. Seabex était en relations régulières avec les scieries de John Irving, notamment celle des Outardes. Le port de chargement était Saint-John, le principale ville du Nouveau-Brunswick.

Pan Atlantic et Seabex fonctionnaient comme deux sociétés écran. Leurs comptes ont été gérés, sous de fausses identités et sous de fausses signatures, par des collaborateurs successifs de François Pinault. Lignarex et les scieries d'Irving leur vendaient du bois qui était aussitôt recédé, à un prix supérieur, à Pinault Bretagne et Pinault Honfleur. Décidée à Paris, la différence entre les deux sommes rejoignait ensuite les bords du Léman.

Pan Atlantic avait le compte n° 949.1.413838 ouvert à la Chase Manhattan Bank, 410 Park Avenue, New York. Celui de Seabex portait le n° 791.80.54 à la Lloyds Bank

International, PO Box 241, 100 Pal Mall, Londres. Une base britannique de données, CS Corporate, mentionne l'existence de Seabex Lumber Ltd dont elle donne pour numéro d'immatriculation le chiffre 01467684. Cette base précise que Seabex avait deux courtiers : CJF S.A. à Genève d'une part, et NK Management Ltd, domiciliée Victoria Street, 53, à Douglas dans l'île de Man, l'un des grands paradis fiscaux du Vieux Continent, d'autre part. Seabex, encore, avait pour objet social « grossiste en charpentes et contreplaqués », le même... que celui de Forest Products International.

Toujours selon CS Corporate, Seabex aurait cessé son activité le 18 août 1992. Aucune mention de ce type n'a pu être trouvée pour Pan Atlantic, les bases de données sur les entreprises américaines consultables depuis la France ne recensant pas ces petites structures.

Pinault, l'aventurier

Où l'on retrouve Jean Garnier. L'époux de Jany Paschos – la future Mme Le Pen – a de l'entregent : ne partage-t-il pas avec François Pinault une amitié avec un informateur avisé, Roland Gadala, l'homme du « tuyau » sur le sucre ? Jean Garnier a aussi un métier lucratif : la promotion immobilière, alors en plein essor. « *Pourquoi ne pas faire affaire ensemble ?* » pense l'entrepreneur breton qui a quelque argent à placer. La page Venesta tournée, il se retrouve, en effet, en cette fin des années soixante-dix, dans la situation d'un chef d'entreprise riche à titre personnel. Il s'offre alors un petit pied-à-terre parisien. Il lui faut gérer sa nouvelle fortune privée.

Sitôt pensé, sitôt fait, François Pinault se lance. « *Il décide de tâter de l'immobilier. Il me propose d'ailleurs un appartement pour l'une de mes filles* », raconte aujourd'hui l'ami du négociant breton, Pierre-Yves Le Mouël. L'entrepreneur met alors le doigt dans un drôle d'engrenage. Son aventure immobilière aurait pu lui coûter chaud. Il s'en est manqué de peu que le négociant rennais ne puisse jamais devenir le meilleur ami du président de la République.

Car Jean Garnier est beaucoup plus qu'un simple promoteur. Né le 5 août 1923 à Namur, ce sujet belge qui partage aujourd'hui son temps entre Paris et Gibraltar est, au début des années 1980, au zénith d'une « carrière » d'homme d'affaires aussi prolifique que tortueuse. On le trouve dirigeant, administrateur ou actionnaire d'une multitude de sociétés à l'activité incertaine, aux comptes non publiés, parfois sans salariés. L'homme mène grand train, habite une élégante villa de près de deux cents mètres carrés à Rueil-Malmaison dans la banlieue chic de Paris, roule en Rolls, souvent accompagné d'un compatriote, Éric Fortemps de Loneux, un « roi » du rond à béton entouré de jeunes et jolies femmes.

Surtout, Jean Garnier devient un ami du fondateur du Front national. Quand il divorce en 1984, c'est d'ailleurs avec Jean-Marie Le Pen que son ex-épouse se remarie. Et c'est dans son ancienne villa de Rueil-Malmaison qu'habitent toujours Jany et le leader frontiste. Les relations de Jean Garnier avec Jean-Marie Le Pen ne sont pas seulement d'ordre privé. L'homme d'affaires belge est aussi lié au grand argentier du parti d'extrême droite, Jean-Pierre Mouchard, avec lequel il s'associera au début des années 1990 pour fonder une société exploitant un brevet de carburant propre qui défraiera la chronique au printemps 1997 [1].

De Paris, François Pinault a alors beaucoup à découvrir. Jean Garnier se rend vite indispensable. Beau parleur, flambeur, flatteur mais aussi épaté par l'ambition et la volonté de réussite de son nouvel ami, l'homme d'affaires belge se fait fort de l'introduire dans les milieux d'affaires, lui présente notamment un directeur général de la BNP. Habitué des grandes tables de la capitale, il l'emmène souvent dîner. Habillé par les meilleurs faiseurs, il lui fait découvrir Smalto. « *On s'est retrouvés à une réunion avec le même costume,* se souvient Jean Garnier, septuagénaire toujours soucieux de sa mise dans son bureau moderne de la rue La Boétie. *Nous nous sommes dit qu'il allait falloir, désormais, nous téléphoner le matin* », poursuit-il en évoquant « l'admiration » qu'il porte toujours à celui qui a été son « partenaire ». Il ajoute : « *Il m'a rendu des services, je lui en ai rendu. C'est quelqu'un qui peut être très généreux.* »

Les deux hommes avaient des bureaux parisiens, avenue de Messine, côte à côte, tous deux au premier étage, l'un à gauche, l'autre au fond du couloir. Ils s'associent. Dans l'importation d'ardoises, qui les conduit à ouvrir un bureau commun en Espagne. Dans la promotion immobilière, surtout. Jean Garnier est à l'époque, le président de SEGIMMO. Une société créée en 1955, jouissant d'une certaine notoriété avec 442 opérations immobilières et 20 000 logements à son actif dans le pays. « *Le groupe comptait un holding et des filiales opérationnelles*, explique Jean Garnier. *À un cer-*

1. « Ces chèques qui font peur à Le Pen », Le Nouvel Observateur, 13 au 19 mars 1997.

tain moment, j'ai eu le souci de créer une structure autonome chargée des financements. »

Il monte, avec François Pinault, SEGIMMO Investissement. Le Belge préside le conseil d'administration, le Breton prend la vice-présidence. Éric Fortemps de Loneux et Roland Gadala deviennent administrateurs, tout comme un cadre dirigeant d'Air Liquide et un responsable du CNPF. À l'invitation de François Pinault, le secrétaire général de la Jeune chambre économique de Rennes, Jean-Marie Le Chevallier, y entre aussi. « *C'était pour lui rendre service. C'était amical de sa part. C'est lui qui m'a fait rencontrer Jean Garnier* », explique l'actuel maire Front national de Toulon.

Surnommé « Lecheu », Jean-Marie Le Chevallier s'est lié d'amitié à la Jeune chambre, avec François Pinault dont il a rejoint le cercle des proches. « *À l'époque, il était affable et absolument charmant* », affirme Pierre-Yves Le Mouël, l'ami du milliardaire. Les familles se voient régulièrement, les enfants sont amis, le fils de Jean-Marie Le Chevallier rentre chez Pinault France. « *Avec François, nous faisions de la bicyclette ensemble* », se souvient l'ancien député FN du Var.

Les deux couples passent des vacances communes à Ajaccio, l'année du sucre. « *Maryvonne s'agaçait de le voir passer son temps au téléphone* », précise Jean-Marie Le Chevallier. Peu après, ils s'envolent ensemble pour le Laos, la capitale Vientiane et l'ancienne ville royale Luang Prabang. Guère avare de confidences, l'actuel maire FN de Toulon raconte même qu'ils se sont essayé « *à fumer de l'opium dans les tribus Méo* ».

Jean-Marie Le Chevallier, qui n'adhérera officiellement au Front national qu'en 1983, était alors giscardien. Mais celui qui avait été chargé par Michel Poniatowski d'implanter les clubs Perspectives et Réalités en Bretagne était déjà un proche de Jean-Marie Le Pen, le leader d'extrême droite. En novembre 1976, alors qu'il est chef de cabinet du ministre Jacques Dominati, il héberge les époux Le Pen dont l'appartement, dans le XVe arrondissement de Paris, vient d'être plastiqué. C'est à cette occasion, précise-t-il, « *que j'ai présenté, lors d'un dîner à la maison, Jean-Marie Le Pen à François Pinault* ». Le 31 décembre suivant, c'est au tour des Pinault d'inviter les Le Chevallier et les Le Pen à réveillonner dans leur manoir de la Droulinais, à Bruz, près de Rennes. « *C'était très agréable. François nous avait obligeamment envoyé son avion. Nous avons passé tout le week-end ensemble* », conclut Jean-Marie Le Chevallier.

Au conseil d'administration de SEGIMMO Investissement, tout ce petit monde se félicite, pendant un temps, de la bonne marche des affaires. Jean Garnier devient vice-président du conseil d'administration de Pinault France. Les deux groupes ont désormais des intérêts croisés. De là à fusionner, il n'y a qu'un pas. L'homme d'affaires belge le suggère. François Pinault est prêt à le suivre. Pourtant, le projet ne se fera pas. L'entourage de l'entrepreneur breton s'inquiète. Le Belge, qui a déjà soustrait des liquidités à son ami, a d'énormes frais financiers, des besoins de trésorerie et des crédits bancaires partout. Jusqu'au boucher de Rueil-Malmaison qui débarque, un jour, avenue de Messine, et se plaint, au vu et au su de tout le monde, de n'être pas payé depuis six mois.

Fin 1980, les deux amis se brouillent, séparent leurs intérêts. François Pinault reprend la société commune de financement. Jean Garnier persévérera dans la promotion immobilière. En Espagne, notamment, avec les 200 appartements du complexe El Presidente, construits dans la station « jet set » de Marbella… Dans ce domaine, les ambitions de François Pinault, elles, n'iront pas plus loin. Comme le constate Pierre-Yves Le Mouël : « *Cela n'a pas duré très longtemps. François s'est rendu compte que ses associés n'avaient pas la fiabilité souhaitable.* » On ne saurait dire plus en si peu de mots.

François Pinault n'a jamais parlé de cette mésaventure. Il n'a jamais rien dit de son projet de fusionner sa société avec le groupe de Jean Garnier, un financier proche du parti d'extrême droite et de son leader, ni de ses relations avec Jean-Marie Le Chevallier et Jean-Marie Le Pen. Légèreté ? Imprudence d'un ambitieux tout à la construction de sa fortune personnelle ? Ou attirance temporaire pour un mouvement qui a séduit plusieurs membres de la Jeune chambre économique de Rennes ?

L'appétit de François Pinault en affaires, son envie de brûler les étapes et de s'introduire à toute force dans les cercles parisiens plaident pour la légèreté et l'imprudence. Son soutien réitéré à Jacques Chirac, son amitié avec la famille de Bernard-Henri Lévy, l'appui donné à Marek Halter accréditent cette hypothèse.

Mais un doute subsiste sur la nature et le caractère plus ou moins éphémère de ses relations avec Jean-Marie Le Pen. Dans un numéro de mars 1992, l'hebdomadaire *L'Express* cite François Pinault parmi les appuis du leader du Front national. L'homme d'affaires adresse alors un démenti indigné. « *Jamais, ni avant, ni après 1975, je ne lui ai apporté le moindre soutien* », écrit-il.

Lui a-t-il prêté à plusieurs reprises son avion ? Un ancien collaborateur l'affirme : « *Au milieu des années 1970, quand Jean-Marie Le Pen lui disait en avoir besoin, il le lui passait.* » Lui a-t-il versé son obole ? « *François n'a jamais aidé le Front national. Il n'y a pas eu, à ma connaissance, d'assistance financière*, assure Jean-Marie Le Chevallier. *Sa vie a croisé celle de Jacques Chirac et nos relations se sont défaites.* »

Pinault joue la rose

François Pinault n'a jamais été socialiste. Ambroise Roux, le vieux cardinal rusé du monde des affaires qui officiait, jusqu'à sa disparition le 4 avril 1999, à la présidence du conseil de surveillance de Pinault-Printemps-Redoute, lui en rendait volontiers grâce : « *C'est un libéral convaincu, un capitaliste de fait et de doctrine* », constatait, avec un soupçon de componction, celui que l'on ne nommait que président. Les yeux mi-clos, le verbe ciselé, il donnait audience aux grands et aux humbles en son salon de style anglais. Mais le Monsignore était trop matois pour ignorer qu'en terre catholique, même un capitaliste pur et dur doit parfois composer...

François Pinault n'a jamais beaucoup aimé les socialistes mais, en ce début des années quatre-vingt, il sait leur parler. Trouver les mots qu'il faut pour gommer ses écarts passés et ne pas se fermer le chemin des palais nationaux. Adopter le langage du volontarisme industriel, alors en cour, pour s'imposer comme un interlocuteur naturel et se faire introniser, par des ministres jacobins, « roi du bois ».

« *Il y a même eu, de la part de certains conseillers socialistes, le sentiment qu'on pouvait faire de François Pinault un allié politique. Ce qui était d'une grande candeur* », explique un ancien du Trésor qui eut maille à partir avec l'entrepreneur breton. Gilles Silberman, qui fut l'avocat de celui-ci, en donne la raison dans une formule aussi concise que limpide : « *Dans ses relations politiques, François Pinault a toujours été un homme extrêmement intelligent.* » À l'heure où le patronat s'effare des nationalisations, des lois Auroux sur les droits des salariés, du contrôle renforcé des changes – presque un retour des Soviets –, l'entrepreneur fait preuve d'un entregent extraordinaire et se dote d'un carnet d'adresses universel.

Ainsi, quand la gauche s'inquiète des sinistres industriels, plaide pour la réorganisation du tissu économique, prône des stratégies d'intégration du fournisseur amont vers le client aval, le négociant breton se coule dans le discours. « *Il parlait de restructurer la filière bois. C'était un créneau qui lui valait l'indulgence d'un pouvoir socialiste préoccupé de la dégradation de la situation des entreprises* », se souvient Claude Goudier, ancien journaliste de l'hebdomadaire économique *La Vie française*.

Reçu en 1982 à l'Élysée par Alain Boublil, l'entrepreneur fait grosse impression. « *On réfléchissait beaucoup à la filière bois. Il m'a donné des arguments forts à faire valoir auprès du président et du gouvernement. C'est le premier qui m'ait expliqué clairement que les pays du Nord étaient au maximum de leur production forestière et que la France avait, en ce domaine, des ressources inexploitées. Qu'il était donc possible, par une politique industrielle astucieuse et une modification du régime fiscal, de relancer l'investissement et de transformer le déficit commercial de la branche en un excédent. C'est d'ailleurs ce qui s'est passé.* », explique l'ancien conseiller aux affaires industrielles de François Mitterrand, devenu aujourd'hui consultant auprès de grands groupes privés.

François Pinault utilise avec maestria les cartes qu'il a en main. Son groupe ne couvre-t-il pas une large palette de métiers du bois ? Ne s'est-il pas, en quelques années, construit par capillarité, du négoce vers la menuiserie industrielle, de l'importation de madriers vers les magasins de bricolage ? Au sortir d'une décennie de reprises d'entreprises en difficulté, l'ensemble formé par Pinault France et France Bois Industries offre toutes les apparences d'un groupe puissant, intégrant toutes les facettes de la filière : 1,28 milliard de francs de chiffre d'affaires en 1981; 1,5 milliard en 1982 ; 1,85 l'année suivante et 2,4 en 1984. Les chiffres semblent parler d'eux-mêmes. Rares sont les politiques qui s'interrogent sur la nature de cette croissance au forceps, sur cet empilement de quelque 70 sociétés et des métiers qui en résultent. Le Breton a pris un avantage décisif, au grand dam de son rival Seribo. Plus aucun concurrent, alors, n'est en mesure de contester son titre de champion.

Arrive la crise du meuble. Brutale. Dévastatrice. « *Un cyclone* », s'exclame alors André Vincent, président de l'Union nationale des industries françaises d'ameublement, en décrivant un marché qui plonge de 20 % entre 1982 et 1984. C'est énorme ; un cinquième des achats partent en fumée. En deux ans, 38 fabricants disparaissent et la branche perd 11 000 salariés. Autant de chiffres alarmants. Autant de dossiers douloureux dans des régions délaissées. Autant de députés de gauche qui pressent les pouvoirs publics d'agir.

Y a-t-il eu « deal » entre François Pinault et le pouvoir socialiste ? L'entrepreneur a-t-il obtenu que l'on passe, plus rapidement, l'éponge sur ses exportations illégales de capitaux contre la promesse d'aider au sauvetage de la filière du meuble ? Certains l'assurent. Toujours est-il que, coup sur coup, le groupe Pinault, dont ce n'est pas la spécialité, dispute les meubles Gautier à Seribo, reprend deux fabricants de canapés de luxe, Guermonprez et Jean Prévost, ainsi que deux sociétés de meubles de cuisine, Lafa et Ranger. Pour ces deux dernières, filiales de l'Omnium français du meuble, le Breton reçoit même 100 millions de francs de subvention du ministère de l'Industrie. Sa première, semble-t-il.

Pourtant, cette incursion dans le meuble qui se poursuit avec les rachats du cuisiniste Arthur Bonnet puis des fabricants de mobilier de bureau Ordo et Trau, tourne vite à la confusion. Elle donne lieu à des reventes précipitées, qui sont sources d'autant de contestations. François Pinault ne s'impose pas, ne réussit pas dans la filière. Erreur de développement industriel ? Un ancien collaborateur n'écarte pas l'hypothèse : « *Pinault agit beaucoup par instinct. C'est quelqu'un qui construit sa stratégie après coup.* » Gestion laxiste ? Le constat serait inattendu, l'entrepreneur cultivant avec soin son image de sauveteur. C'est pourtant ce qu'accrédite, bien avant le spectaculaire rebondissement fin 1996 de l'affaire Lafa-Ranger, la curieuse histoire de Guermonprez.

C'est après un dépôt de bilan que ce fabricant de canapés contemporains est repris par François Pinault. Pour 1,5 million de francs, il emporte, en 1984, 4 à 5 millions de francs de stocks, usines et immeubles en pleine propriété. Il promet beaucoup à son fondateur et styliste, Gérard Guermonprez, militant socialiste, qui, dès la nouvelle collection achevée, est licencié sans aménité.

Mais, étonnamment, sitôt l'affaire emportée, l'entrepreneur breton s'en désintéresse. Il laisse filer ses comptes, comme le confirme Bernard Roques, l'un de ses hussards d'alors : « *Avec 25 millions de francs de chiffre d'affaires, Guermonprez était une activité marginale dans un groupe de trois milliards. Personne ne s'en occupait vraiment. Il est arrivé ce qui arrive dans ces cas-là : Guermonprez a perdu 9 millions de francs que l'on a comblés.* »

En janvier 1988, le groupe, qui cherche à se défaire de ce boulet, approche le propriétaire de la société de canapés Pelletey, Christian Martin : « *Pinault veut nettoyer. On est prêt à faire des conditions particulières.* » Bernard Roques et Claude Caplan lui mettent le marché en main : un million pour le capital et deux millions pour le remboursement du compte courant, abandon du reste. Au candidat qui demande un audit, ils précisent qu'il n'y en a pas chez Pinault, mais qu'ils lui donnent une garantie de passif en béton. Un problème ? Un chèque de dédommagement lui sera remis immédiatement.

« *Trois semaines plus tard*, raconte aujourd'hui Christian Martin, *je m'aperçois que les stocks sont archi-faux et que le poste-client n'a pas été nettoyé depuis la reprise de Guermonprez par Pinault. Il y avait pour 6 à 7 millions de francs de créances qui n'existaient plus et auraient dû être dépréciées. Pinault avait géré cette boîte comme une danseuse. Quand je suis allé revoir Roques et Caplan pour évoquer la garantie de passif, ils m'ont envoyé balader.* »

Le dépôt de bilan est prononcé, l'affaire est mise en liquidation. Christian Martin fait jouer sa clause d'arbitrage, obtient 2, 3 millions de francs au titre de la garantie de passif. Le montant est inférieur aux 3 millions du prix de cession. Le repreneur doit encore acquitter 700 000 francs. Mécontent de l'arbitrage, il porte plainte au pénal pour « *délit de faux bilan, escroquerie et complicité d'escroquerie* ». Le juge ne donne pas suite. « *On a transigé*, conclut Christian Martin. *J'ai retiré ma plainte. François Pinault a renoncé à ses 700 000 francs.* »

Dans ce litige, la justice a largement donné gain de cause à l'entrepreneur breton. Mais, pour la première fois, sa gestion suscite publiquement contestation. La sincérité des comptes d'une filiale est mise en doute. Le travail de son auditeur, KPMG-Rennes, qui a certifié les bilans de Guermonprez, est montré du doigt. Autant de faits, curieusement oubliés, qui se répéteront dix ans plus tard, avec l'affaire Lafa-Ranger. Le scénario sera exactement le même, à deux grandes exceptions près : Bernard Roques et Claude Caplan tiennent, cette fois, le rôle improbable d'acheteurs bernés ; le tribunal arbitral inflige 220 millions de francs d'indemnité de dédommagements que l'homme d'affaires acquitte, en apparence, sans broncher.

Le cas Guermonprez jette une ombre sur la solidité des redressements opérés dans le meuble. La singulière destinée des sociétés Lafa et Ranger qui, dix ans durant, n'auront de cesse de circuler entre les mains d'anciens du groupe, ajoute au doute. Le passage de François Pinault dans le meuble relève, il faut bien le dire, du tour de passe-passe. En deux temps trois mouvements, le capitaliste « *de fait et de doctrine* » tire les socialistes de l'embarras, se rachète une conduite et conforte son image de « sauveteur du bois ». Mais son engagement se révèle volatil. Loin d'être le redresseur durable de la filière du meuble, il apparaît comme une sorte de « banquier providentiel » qui se contente d'en assurer, un temps, le portage. Il reprend comme un service, pare au plus pressé et revend dès qu'il le peut. Avec la bienveillance des pouvoirs publics, il se construit une légitimité sur une parenthèse.

Bien des années plus tard, lorsque François Mitterrand entame son second septennat et que les socialistes retrouvent Matignon, le discours a changé. Les « filières industrielles » sont passées de mode, priorité est désormais donnée à la préparation du Marché unique. Fine mouche, François Pinault adapte son langage à une époque plus concrète. À

Châtellerault, fief d'Édith Cresson, il développe une usine de panneaux. Début 1992, alors qu'il se désengage du bois, il récidive et reprend, à la surprise générale, une scierie et une parqueterie près de Nevers, la ville de Pierre Bérégovoy...

Pinault, chrysalide

Ils ne sont qu'une poignée – des grands noms de la finance et de l'industrie –, à être ce jour-là dans la confidence. Rue La Boétie à Paris, ils ont été réunis en conseil par Ambroise Roux, leur grand ordonnateur, comme à chaque fois qu'une décision importante est à prendre. Le jeu des conciliabules s'interrompt quand le président leur signifie qu'ils vont devoir voter. Et choisir ou non d'élargir leur cercle à ce nouveau venu qu'ils connaissent peu, mais sur lequel Ambroise Roux les a longuement chapitrés.

Le plaidoyer était d'autant plus pressant que la suggestion était inattendue. Chacun sait qu'une seule boule noire suffirait pour tout faire capoter. Chacun se prononce. C'est blanc. Satisfait, le président prend son chapeau pour en avertir son protégé qui, conformément aux règles très strictes de l'Association française des entreprises privées (AFEP), n'est au courant de rien.

Ainsi adoubé, François Pinault fait, dès 1983, son entrée dans ce cercle fermé de l'establishment parisien des affaires, créé au plus fort des polémiques sur les nationalisations. Un cercle farouchement hostile à la politique économique des « socialo-communistes », contre laquelle il mobilise sans compter. Un cercle mécontent de l'attitude du CNPF qu'il juge au pis trop conciliant, au mieux inefficace, et bien décidé à défendre la grande entreprise privée et ses intérêts, le « capitalisme intégral », selon la formule du président Ambroise Roux. S'y côtoient Jacques Calvet de Peugeot, Guy Dejouany de la Générale des eaux, Jean-Paul Parayre de Dumez, ou encore Jean-Marc Vernes de Béghin-Say, longtemps intime de Jacques Chirac et financier du Rassemblement pour la République.

Voulu, défendu par le « parrain » du capitalisme hexagonal, le parachutage de François Pinault, qui n'est encore qu'un gros entrepreneur breton – il n'a alors repris ni Isoroy ni Chapelle-Darblay –, surprend. Ambroise Roux le reconnaît, lors de notre rencontre en ce mois de septembre 1997, en rappelant que le Breton « *pesait alors moins de deux milliards* » quand les autres membres, tous des grands de la Bourse de Paris, le dépassaient de dix têtes en taille. « *Le conseil de l'AFEP n'était pas réticent et considérait mon candidat comme très brillant*, nous assure-t-il alors. *Mais pour certains, son parcours n'était pas aisé à déterminer.* »

Lors de cet entretien, Ambroise Roux justifie son engagement par ce qu'il appelle un « *coup de foudre* » pour un « *self-made-man* ». Par l'intuition qu'il avait eue de ses capacités et de son devenir. Par le charme et l'intelligence « *totalement supérieure* » de celui qui n'était encore que son poulain. « *J'étais persuadé que le développement de son entreprise était sain et progressif, et qu'il ne lui faudrait pas dix ans pour se hisser parmi les ténors de la place de Paris.* »

D'emblée, semble-t-il, le parachutage réussit. De membre associé, un statut équivalent à un « sas de passage », François Pinault est rapidement promu membre adhérent. « *Il y avait là les quarante patrons les plus importants de France et il s'est assis à la table sans l'ombre d'un problème*, poursuit son apologiste : *Les self-made-men sont parfois embarrassés avec l'establishment. Marcel Bich était complètement en porte à faux ; Jean-Luc Lagardère n'a jamais été très à l'aise. Il y a des gens qui dénigrent ce monde parce qu'ils ne peuvent en être. D'autres s'en tiennent à distance, faute de savoir s'y intégrer. François Pinault, lui, était au milieu de ses pairs.* »

L'entrepreneur breton et Ambroise Roux se sont-ils connus à la banque Barclay's que le second présidait en France ? « *À l'époque, nous étions l'un de ses grands banquiers, peut-être même le premier* », reconnaît ce jour-là le fondateur de l'AFEP. Chez Edgar Faure, redevenu avocat d'affaires et que fréquente alors François Pinault ? Ambroise Roux en doute : « *Je ne le crois pas, même si j'étais très lié avec l'ancien ministre qui m'avait proposé la direction de son cabinet.* »

Chez Michel Giraud, alors ? Ce dernier, ancien ministre RPR d'Édouard Balladur, le suggère. « *J'ai organisé une série de dîners chez moi et ai présenté François à beaucoup de gens dont il souhaitait faire la connaissance. En 1983, je m'en souviens très bien, Ambroise Roux et lui se sont croisés à l'une au moins de ces soirées* », raconte, bronzé et volubile, celui qui est alors président de la région Île-de-France, dans son bureau, rue Barbet-de-Jouy, à Paris.

L'amitié de l'entrepreneur et de l'ancien ministre remonte au milieu des années 1960, quand Michel Giraud était directeur commercial de la société havraise Charles, le plus gros importateur de bois exotiques. « *Un jour*, poursuit ce dernier, *François, auquel j'avais commencé à vendre des bois, m'appelle et me dit : Monsieur – nous nous appelions Monsieur à cette époque –, accepteriez-vous d'animer un séminaire pour apprendre les essences exotiques à mes vendeurs ? Il est venu y assister quelques heures, silencieux, au fond de la salle. C'est là que s'est nouée notre amitié ainsi que des relations commerciales très suivies et très confiantes.* »

Jamais démentie, cette amitié est devenue complicité familiale au fil du temps. Lorsque Maryvonne et François Pinault envisagent d'acheter une maison à Saint-Tropez, c'est à la Croix-Valmer, chez Simone et Michel Giraud, qu'ils descendent pour parcourir la Provence et la Côte d'Azur à la recherche d'une propriété. Lorsque Florence, la fille de Maryvonne Pinault, se marie, Michel Giraud est son témoin. Et quand la jeune femme cherche un travail, elle rejoint le cabinet du président du Conseil régional d'Île-de-France...

Aussi, quand le Breton débarque à Paris, Michel Giraud contribue naturellement à l'introduire dans les cercles de la capitale. « *Nos relations étaient amicales et désintéressées, sauf à s'apporter l'un l'autre* », précise avec une certaine franchise l'homme politique. Une amitié, des dîners, des relations qui deviennent communes... autant de rencontres soigneusement calculées qui insèrent peu à peu l'entrepreneur dans de nouveaux réseaux politiques et économiques. En ce début des années 1980, François Pinault entame une mutation qui en fera, bien des années plus tard, l'un des piliers de la Chiraquie et de l'establishment des affaires.

Le repositionnement est politique : battu, Valéry Giscard d'Estaing n'est plus le champion de la droite. Le repositionnement est économique : le « vilain canard » des tribunaux de commerce aspire à devenir un « cygne ». Le repositionnement est d'image, puisqu'il s'agit d'un travail indispensable pour réussir cette métamorphose. À la fin des années 1980, l'introduction en Bourse de Pinault SA sera la première vraie concrétisation de cette mue. Cet exercice de Fregoli requiert un réel talent. François Pinault saura changer d'habit. Un Tapie n'y parviendra pas.

On n'en est pas là. Nous sommes en novembre 1981,

en pleine vague rose. Michel Giraud est enfermé dans son bureau du Conseil régional d'Île-de-France. Le maire de Paris, Jacques Chirac, l'appelle. Premier coup de fil.

« *Michel, j'ai un emmerde. J'ai une menuiserie à Meymac qui va fermer. Il va y avoir vingt gars sur le tapis, juste avant les cantonales de mars. Je vais être battu, je te le dis. En Corrèze, c'est comme ça. Tu fais bien dans le bois ? T'as quelqu'un qui peut me sortir de là ?*

– Jacques, tu me prends de court. Donne-moi quinze jours. »

Michel Giraud joint son ami François Pinault et lui raconte. Deuxième coup de fil.

« *Michel, qu'est-ce que tu veux que j'aille foutre avec une menuiserie de vingt types à Meymac ?* »

Trente minutes plus tard, François Pinault rappelle le patron de la région Île-de-France. Troisième coup de fil.

« *Qu'est-ce que tu fais demain ? On prend mon avion et on va à Meymac.* »

Le lendemain, les deux hommes atterrissent à Égletons. Sont accueillis par le maire de Meymac. Font le tour d'une menuiserie poussiéreuse. Pinault n'ouvre pas la bouche de la visite et dit à la fin :

« *Tu parles !* »

Ils déjeunent à l'auberge et l'entrepreneur lâche :

« *Dis-lui que je lui reprends sa menuiserie et ses vingt gars.* »

De retour au Conseil régional, Michel Giraud joint Jacques Chirac à l'Hôtel de Ville. Dernier coup de fil.

« *Jacques, j'ai réglé ton affaire. François Pinault va la reprendre.*

– Qui c'est ce mec-là ? C'est sûr ? Il va payer ? » s'inquiète le maire de Paris, fébrile. Le lendemain, Michel Giraud

organise une rencontre et, huit jours après, monte l'un de ses fameux dîners. À six.

Politiquement, le nouveau Pinault est sur les rails. Économiquement, beaucoup reste à faire. L'entrepreneur hésite : négociant ? industriel ? Pour un commerçant, aller vers l'industrie c'est, à cette époque, acquérir des quartiers de noblesse. Il s'agace de ne pas arriver à garder un bras droit qui, pour la première fois, ne sorte pas du rang. Parent, son premier polytechnicien, mal à l'aise avec Hubert Guidal, ne reste que cinq mois. Vallet, en conflit ouvert avec Jean Leprince à qui il reproche des reprises hasardeuses, ne tient guère plus longtemps : 7 à 8 mois. De Gaillande, son second polytechnicien, arrive début 1983 et repart aux vacances d'été. « *On n'arrive pas intégrer des responsables* », se plaint François Pinault. Il décide, alors, de promouvoir son directeur financier, Jean-Pierre Andrevon, « *le premier mec dans son équipe à être un peu beau gosse, look diplômé* », note un professionnel de la communication qui a travaillé avec le groupe. Le souci de respectabilisation pointe.

François Pinault n'a pas perdu l'habitude d'adresser des notes incendiaires à ses collaborateurs, ni de licencier, comme cela, un salarié en dix minutes. Mais chacun des directeurs qui se succèdent alors dit avoir tenté de remettre de l'ordre dans ce qui n'est encore qu'un fatras de sociétés et d'introduire le juridique dans le groupe. « *Pinault avait une vue assez claire de la croissance qu'il voulait faire, mais je lui ai appris le respect de la règle* », se félicite, sans doute un peu rapidement, l'un d'entre eux.

Ce souci de respectabilisation se fait d'autant plus pressant, que les établissements financiers sont encore très réservés. Les traditionnels comme les spécialisés. « *J'ai connu l'époque où aucun autre banquier de la place ne croyait en François Pinault*, se remémore ainsi Jean-Paul Amiel, son premier appui parisien au Crédit lyonnais à compter de 1981. *Pour financer l'une de ses opérations, j'ai essayé de syndiquer des crédits. Je n'y suis pas parvenu.* » Quand il s'agit du groupe breton, la SFAC, Société française d'assurance-crédit, se fait tout autant tirer l'oreille. Cet organisme dont la mission est de garantir la solvabilité d'une entreprise auprès de ses fournisseurs exige de l'entrepreneur qu'il se porte caution sur ses biens personnels. Une procédure réservée aux entreprises peu transparentes, à la crédibilité mal assurée. Pour les meubles Guermonprez, elle avait ainsi réclamé à l'homme d'affaires une caution de 3 millions de francs...

Pinault, l'industriel

Trois cent cinquante millions de francs ! C'est ce qu'a coûté Édouard Balladur à François Pinault. Une somme signifiée d'un trait de plume par le ministre d'État, ministre de l'Économie et des Finances, rabotant de 600 à 250 millions de francs la subvention versée au repreneur d'Isoroy. La somme est rondelette. Et ce raté de 1986 est l'un des rares désagréments qu'ait connus le Breton avec le milieu politique. Il explique, peut-être, au-delà de l'amitié affichée avec Jacques Chirac, l'hostilité de l'entrepreneur au candidat préféré de l'establisment des affaires à l'élection présidentielle de mai 1995.

Pour l'entrepreneur, le camouflet est d'autant moins pardonnable qu'Isoroy, par sa taille, lui a fait franchir un cap décisif. Et risqué. À l'époque, vu de Paris, François Pinault est encore considéré comme un scieur, voire comme un gros importateur de bois avec plus de 400 000 mètres cubes de grumes. Mais cette fois, il ne s'agit pas de reprendre une petite affaire de menuiserie industrielle mais un groupe aussi gros que lui, susceptible de le propulser à 7 milliards de francs de chiffre d'affaires et « *au premier rang européen* », comme il le déclarera sitôt l'affaire conclue.

Né de la politique industrielle du début des années 1980, Isoroy est une construction hétéroclite, issue de la fusion de trois fabricants de panneaux de bois en déconfiture, Isorel, Baradel et Leroy. Mais c'est la seule opportunité de cette importance qui s'offre au Breton. La seule capable de lui apporter, d'un coup, la notoriété et l'attention des milieux d'affaires. La seule pouvant lui donner immédiatement une dimension nationale.

Le dossier tant attendu arrive début 1986 au Comité interministériel de restructuration industrielle (CIRI). Depuis quelques mois, Isoroy va très mal. L'État y a injecté au moins 675 millions de francs de prêts participatifs et l'entreprise, malgré deux plans de redressement, est encore au bord du dépôt de bilan. En janvier, le cabinet de Pierre Bérégovoy, ministre de l'Économie, avertit le CIRI que le dossier est bouclé. Qu'Isoroy ira à François Pinault et qu'il n'y aura pas de cessation de paiement avant les élections législatives des 16 et 23 mars. « *À vous de l'organiser techniquement pour les semaines suivant le scrutin* », précise un conseiller, Alain Boublil, dont l'homme d'affaires a l'oreille. Le géant malade du bois, 4 500 salariés, dépose son bilan le 28 mars.

Les équipes Pinault entrent en scène. Jean Leprince, Bernard Roques et l'avocat Gilles Silberman font savoir au CIRI que l'alternance n'y change rien. La reprise se fera dans les quinze jours aux conditions suivantes : 600 millions de francs d'aide, le rachat des comptes-clients avec une très forte décote et celui des stocks, pour un franc. En échange de quoi, le triumvirat se dit prêt à conserver

3 600 emplois. Il presse l'administration : « *La boîte est dans un tel état qu'il est impératif d'aller vite.* » Le Trésor fait ses comptes. Entre les aides, les plus-values sur comptes-clients et celles sur les stocks, François Pinault peut espérer récupérer plus d'un milliard de francs.

Un milliard... Le plus expérimenté des administrateurs judiciaires, Me Lorot, et le rapporteur désigné du CIRI, Bernard Boué, veulent prendre le temps de réfléchir. L'administrateur s'interroge, notamment, sur le sens d'un appel pressant de l'équipe Pinault, l'enjoignant « *amicalement* » à décréter l'état d'urgence. Il sait, lui, qu'Isoroy a suffisamment de ressources pour tenir le délai nécessaire à une étude approfondie du dossier.

Le nouveau rapporteur, pour sa part, n'a pas pour Pinault « les yeux de Chimène » de son prédécesseur, Alain Jausselme. Les shingtés du CIRI ont changé : économiser les concours publics et se rabibocher avec des banques échaudées prime désormais sur le souci de soutenir des entreprises exsangues contre vents et marées. « *Il est vrai que nous étions moins soumis à la pression de la rue qu'au tout début des années quatre-vingt* », commente un ancien.

Manque à l'administrateur judiciaire et au rapporteur, pour passer à l'acte, un signe du ministère de l'Économie montrant que le choix de François Pinault n'est pas définitivement entériné par le pouvoir politique. Le Trésor fait une note. La réponse ne vient pas. C'est le silence. Par défaut, sans faire quoi que ce soit qui puisse lui être un jour reproché, Édouard Balladur signifie qu'apparemment tout est ouvert. Le CIRI a le champ libre. Le directeur du Trésor, Daniel Lebègue, dit au rapporteur : « *C'est parfait. Explorez toutes les solutions.* »

S'engage alors une partie de poker-menteur. Prise à contre-pied, les équipes Pinault suscitent des pressions extérieures. Elles jouent l'arme de la rumeur auprès des clients, des fournisseurs et des plus perméables des administrateurs judiciaires. Le trio passe même alliance avec la CGT au nom de la défense de l'emploi. Gilles Silberman fait le siège de la rue de Rivoli pour se plaindre. Malgré l'alternance, se répand-il, le CIRI est encore aux mains de rapporteurs de gauche. À Matignon, il interroge : « *Comment se fait-il que l'on maintienne au secrétariat général du CIRI Charles-Henri Filippi, l'ancien directeur de cabinet de Georgina Dufoix ?* » Une partie du cabinet d'Édouard Balladur relaie cette campagne. Sans succès.

Le CIRI et le ministère de l'Industrie prennent contact avec tous les grands industriels européens du bois, chacun pouvant être intéressé par une activité d'Isoroy. Ainsi s'ébauche la solution alternative d'un consortium réunissant des Allemands, des Autrichiens, des Suisses et des Italiens sous la bannière du français Seribo, grand rival de Pinault. Le CIRI leur fixe des règles du jeu moins exorbitantes du droit commun, sans reprise des stocks pour un franc ni braderie des comptes-clients.

Dans une nouvelle note à Édouard Balladur, le CIRI liste alors les avantages et inconvénients des deux offres concurrentes. Celle du groupe Pinault, explique t-il, est plus coûteuse mais conserve a priori davantage d'emplois. Le consortium d'industriels est moins gourmand, mais dit nécessaire de ramener tout de suite les effectifs d'Isoroy à 3 000 salariés. La note souligne notamment l'écart existant dans les demandes de subvention : les industriels réclament 300 millions quand François Pinault en exige le double. « *En l'état actuel des discussions,* conclut l'administration, *nous pourrions sans doute limiter les aides publiques à 250 millions de francs.* »

La note met la rue de Rivoli en ébullition. « *Un conseiller m'appelle et m'engueule : il n'y a pas de solution alternative* », se souvient le rapporteur du CIRI, Bernard Boué. Édouard Balladur, lui, ne tranche pas. Le ministre d'État renvoie la note avec une brève et sibylline annotation : « *D'accord pour pas plus de 250 millions de francs* ». Quelques mots qui ne font pas l'affaire de François Pinault. Il demande à être reçu d'urgence au CIRI. « *Il a fait preuve d'un énorme sang-froid mais était visiblement très mécontent.* » Les rapporteurs jouent sur du velours. Ils ont l'ironie policée : « *Nous lui avons expliqué que nous avions, désormais, l'obligation de mettre en œuvre la consigne du ministre de l'Économie.* »

Les enchères reprennent. Ahurissantes, parfois, quand « *en un week-end les candidats rivaux sauvent deux unités de production supplémentaires et 200 emplois de plus* », raconte Loïc Lenoir de La Cochetière, ancien conseiller d'Alain Madelin au ministère de l'Industrie. Le consortium revoit son besoin d'aide à la baisse et ne réclame plus que 50 millions de francs. François Pinault reprend sa campagne. Le président du tribunal de commerce de Caen se demande s'il lui est bien nécessaire de lire le dossier de Seribo : « *On me dit que cette solution ne tient pas la route* », explique-t-il naïvement. Le ministre de l'Industrie, Alain Madelin, invite ses services, qui s'étaient engagés aux côtés du CIRI, à plus de neutralité.

Le Comité interministériel de restructuration industrielle fait une ultime synthèse des offres. Au rapporteur qui va la présenter à Daniel Lebègue, le directeur du Trésor, ce dernier déclare : « *J'enregistre votre note. Mais sachez que d'ici deux heures, j'aurai le bleu de Matignon sur mon bureau.*

C'est François Pinault avec 250 millions de francs d'aide. » Le Breton, qui en voulait 600, s'en tire quand même mieux qu'il n'y paraît. Entre la subvention et l'exonération fiscale qu'il a arrachée, le concours de l'État s'élève à 500 millions de francs. C'est le montant des investissements prévus. « *On a créé une société qui a racheté les stocks pour un franc et les a revendus plein pot aux sociétés d'exploitation en faisant jouer l'exonération fiscale. Cela nous a permis de faire notre apport de fonds propres* », affirme un ancien du groupe Pinault. Lorsqu'elle les examinera, ces aides feront d'ailleurs tiquer la Commission de Bruxelles qui réclamera le remboursement de 14 millions de francs.

Le 21 juillet 1986, le tribunal de commerce de Caen attribue Isoroy à l'entrepreneur breton. Tout en reconnaissant avoir fait une entorse au libéralisme en donnant « *un coup de collier fort mais ponctuel* », le gouvernement de Jacques Chirac justifie son appui par trois arguments : le plan Pinault est global; il préserve 500 à 600 emplois de plus que son concurrent; il est français.

Le plan ? Hervé Guillaume, que François Pinault avait recruté pour diriger Isoroy, aujourd'hui à la Compagnie financière du Valois, assure que les engagements ont été tenus dans « *un secteur totalement sinistré. La profession investissait à tort et à travers. Les personnels étaient peu qualifiés avec des salaires inférieurs de 20 % à la moyenne* ». Pour un haut fonctionnaire, en revanche, « *personne n'a jamais été à même d'avoir une vision claire des différentes métamorphoses d'Isoroy. Le contrôle d'État s'y est essayé mais y a renoncé. La société changeait à tout moment de structures. L'État aurait pu demander à la Cour des comptes de se saisir du dossier mais ne l'a pas fait* ». Dès la reprise, les actifs industriels ont été éclatés en 17 sociétés indépendantes.

L'emploi ? Les effectifs sont réduits de 1 800 personnes, dont un millier immédiatement. Sur la méthode, c'est cette fois André Fanton, député RPR du Calvados, berceau d'Isoroy, qui se montre sévère : « *Nous avons eu beaucoup de mal à obtenir un plan social à Lisieux*, lâche-t-il. *J'estime que certaines pratiques relèvent purement et simplement de la brutalité patronale.* »

Isoroy tricolore ? En 1992, juste avant une chute brutale du prix des panneaux de bois, François Pinault cède la société à Glunz, un groupe allemand qui avait été membre du consortium conduit par Seribo... Au passage, le Breton empoche 950 millions de francs. L'homme d'affaires a fait monter les enchères en démarchant tous les industriels européens. « *Il n'y a eu ni dol, ni duperie. Le Docteur Glunz n'a pas acheté le couteau sous la gorge et le prix payé semblait le bon. À dix ou vingt millions près, c'était celui proposé par un groupe allemand concurrent. Ni l'un ni l'autre n'avait anticipé la surproduction de panneaux* », dit encore Hervé Guillaume. Pinault, lui, l'avait fait. Aujourd'hui, Glunz, en difficulté, ne doit son salut qu'aux banques allemandes, qui multiplie les demandes d'arbitrage pour obtenir réparation.

Tout n'a pas été perdu pour tout le monde. Avant de se défaire d'Isoroy, François Pinault aura eu le temps d'ouvrir une usine de panneaux à Ussel en Corrèze, le fief électoral de Jacques Chirac, et de trouver une solution pour les salariés Isoroy de Brouvelieures, dont le site – condamné – était situé dans la circonscription de Philippe Séguin, alors ministre des Affaires sociales.

Sitôt nommé ministre de l'Industrie, Alain Madelin, alerté par Jean-Marc Vernes, demande à ses conseillers techniques une note sur Chapelle-Darblay. S'enclenche alors, en ce printemps 1986, une mécanique qui conduira François Pinault, auréolé de sa conquête d'Isoroy, à s'emparer du premier fabricant français de papier journal. Élu breton, d'Ille-et-Vilaine de surcroît, le ministre libéral a déjà eu l'occasion de croiser l'homme d'affaires, lors de ces mini-événements mondains qui font le quotidien d'un député en circonscription. Les deux hommes ont été présentés au mariage du fils d'un entrepreneur de Redon, Metayer, dont l'affaire avait été rachetée par le groupe Pinault. Mais leurs relations en sont restées là. Ainsi, quant Alain Madelin, fraîchement installé rue de Grenelle, ressent le besoin de s'entourer d'industriels en fondant un club d'entrepreneurs amis pour l'épauler, il sollicite Jean-Marie Descarpentries, futur P-DG de Bull, ou encore Vincent Bolloré, beau-frère de Gérard Longuet. Mais François Pinault, lui, ne l'est pas.

Chapelle-Darblay a tout pour énerver un ministre ultra d'un gouvernement libéral. Ce gouffre à subventions est au cœur de trois fiefs électoraux, celui de l'ancien Premier ministre socialiste Laurent Fabius, celui d'un baron aujourd'hui décédé du giscardisme, Jean Lecanuet, et celui du directeur de *L'Humanité* d'alors, le communiste orthodoxe Roland Leroy. C'est le premier chaînon du système d'approvisionnement coopératif de la presse parisienne imaginé par le Conseil national de la Résistance. C'est enfin un bastion historique des « durs » de la puissante Fédération du Livre-CGT.

Ce sinistre industriel, l'un des plus importants de la

République, plonge ses racines dans une grave erreur d'analyse stratégique de Paribas. En 1968, la banque de la rue d'Antin croit bien faire en réunissant au sein d'un même groupe les usines papetières de Saint-Étienne-du-Rouvray et de Grand-Couronne, proches des ports de l'estuaire de la Seine. En réalité, les sites sont vieillots, les effectifs trop nombreux, la productivité médiocre. Quand, en 1980 et 1983, Chapelle-Darblay dépose à deux reprises son bilan, la note atteint parfois 200 millions de francs mensuels pour l'État qui assure déjà les fins de mois. À l'époque, un tribunal de commerce va même jusqu'à désigner ce dernier comme « *gestionnaire de fait* », dans un jugement que le bâtonnier Vatier qualifie aujourd'hui « *d'humeur. Cela avait fait sourire*, explique l'avocat qui s'était penché sur le dossier, *mais cela risquait de faire jurisprudence* ».

Chapelle-Darblay et ses 2700 salariés épuise tour à tour quatre ministres de l'Industrie, André Giraud, avant l'arrivée des socialistes au pouvoir, puis Pierre Dreyfus, Jean-Pierre Chevènement et Laurent Fabius. Tous les grands groupes papetiers européens sont sollicités. La défection du néerlandais Parenco ouvre la voie à une solution hybride confiant les clés de l'entreprise non pas à une société mais à un homme seul, un professionnel, le Canadien John Kila, épaulé financièrement par l'État. Le montage est si scabreux qu'une injonction de Bruxelles plafonne, en octobre 1984, à 1,1 milliard de francs la subvention publique, à laquelle s'ajoute 1,4 milliard de prêts à taux privilégiés. Ce coup de pouce financier, longtemps reproché à Laurent Fabius, permet à Chapelle-Darblay de se transformer en cathédrale technologique, avec l'arrivée d'une monumentale machine finlandaise, la fameuse Valmet.

Les fonds publics sont si importants que Louis Gallois,

aujourd'hui P-DG de la SNCF, alors patron de la direction générale de l'Industrie, place confidentiellement... une « taupe », un rapporteur du CIRI, Suzanne Laude, à l'état-major du groupe papetier. Pour tous, elle est détachée et recrutée pour la communication financière de la société. En fait, « *j'étais l'espionne de la DGI*, raconte-t-elle avec malice. *Régulièrement, j'allais au rapport. Quand j'ai vu apparaître les premiers égarements de John Kila, son intention de découper Chapelle-Darblay en petites unités pour faire transiter des flux financiers par les Bermudes, j'ai tiré le signal d'alarme* ».

Pour Alain Madelin, le dossier est en or. Il voit l'usage qu'il peut faire, contre Laurent Fabius et les socialistes, d'une telle machine de guerre. Immédiatement, il s'en empare, qualifie Chapelle-Darblay d'affaire « *la plus scandaleuse de l'histoire industrielle française* » et gèle les 350 millions de francs de subventions restant à verser. Quand la rue de Rivoli lui rappelle la règle de la continuité de l'État, le ministre rétorque : « *On verra bien. Je m'en fous.* »

C'est le conflit. Un bras de fer s'engage avec John Kila. L'administration procède à des audits, s'aperçoit que l'exploitation du groupe papetier a cessé de se redresser et qu'indirectement les pouvoirs publics supportent des coûts annexes extrêmement élevés. Avec son siège social aux murs tapissés de rose à Neuilly, presque une maison de rendez-vous, la société et son P-DG mènent grand train. En épluchant la comptabilité, un inspecteur des finances trouve dans les notes de frais la facture de la gamelle du chien de John Kila : 170 francs ! Comme le relève, non sans humour, l'inspecteur des finances dans son audit, c'est presque le double de l'indemnité de repas d'un haut fonctionnaire en déplacement...

Alain Madelin fait monter la pression. Il fait suivre John Kila, le met sur écoute, le menace de rétorsions fiscales. Il demande à Me Bernard Vatier de travailler à la mise sur pied d'une location-gérance libre permettant à Chapelle-Darblay de poursuivre son activité en toute hypothèse. Mais, pour ne pas devenir le fossoyeur de l'entreprise, il se met en quête d'un repreneur.

L'administration refait le tour des papetiers européens. Surtout, un conseiller du ministre, Loïc Lenoir de La Cochetière, appelle un autre Canadien, Bernard Lemaire, dont le groupe Cascades a déja redressé, avec succès, trois cartonneries françaises. « *Je lui téléphone à Montréal. Le lendemain, à onze heures trente, il est dans mon bureau* », raconte cet ancien du cabinet. Mais le Québécois n'est pas seul. François Pinault est à ses côtés.

Lemaire, Pinault... ou *bis repetita*. Le Canadien sait que Loïc Lenoir de la Cochetière veut lui proposer Chapelle-Darblay. Il sait aussi qu'une association avec l'entrepreneur breton présente quelques avantages. Elle lui apporte un fournisseur de bois. Elle lui donne cette caution française qui lui fait défaut. Le Breton, lui, guigne en silence La Chapelle-Darblay depuis que le Crédit national l'a discrètement sollicité, non pour se porter candidat au rachat, mais pour étudier la faisabilité d'un plan de reprise. « *Pourquoi pas moi ?* » s'est dit l'entrepreneur en rendant son verdict. Lemaire et Pinault se connaissent, qui s'étaient rencontrés un an plus tôt lorsque Cascades avait déjà songé à s'associer au groupe français pour reprendre à Saint-Gobain le fabricant de panneaux, ROL, grand concurrent d'Isoroy. Une tentative avortée. Alors, pourquoi pas une nouvelle alliance, pour Chapelle-Darblay cette fois ?

Au départ, le tandem fait merveille. Son dossier de candidature avance à pas de géant. Jean Leprince, que François Pinault envoie au charbon, réussit à convaincre Suzanne Laude, « l'espionne » de la Direction de l'industrie, de la pertinence du projet. « *J'avais trop pratiqué Jean Leprince, lors du rachat de petites sociétés de meubles, pour avoir une totale confiance en lui. Malgré tout, je me suis dit que la solution Pinault n'était pas forcément une mauvaise idée* », dit-elle aujourd'hui en déclarant s'être trompée. « *Quand j'ai vu l'équipe, j'ai compris mon erreur. J'avais idéalisé ; j'avais fait fausse route. J'avais été crédule.* » Elle connaît Chapelle-Darblay sur le bout des doigts. Dans l'instant, son appui vaut double. Quand le ministre décide d'en finir, le plan Pinault-Cascades a plusieurs longueurs d'avance sur celui de son concurrent suédois, MoDo.

John Kila est à bout. Il disparaît le vendredi du week-end de la Toussaint. Tous les services sont sur ses traces. Il est introuvable. Rue de Grenelle, c'est l'ébullition. Tout doit être bouclé au plus vite. « *François Pinault m'appelle. Il me dit qu'il est dans le bureau d'Alain Madelin et qu'il faut se décider tout de suite, faute de quoi l'affaire lui échappe*, se souvient encore le banquier Jean-Paul Amiel, fervent supporter du Breton au Crédit lyonnais. *Il fallait un crédit de plusieurs centaines de millions de francs. J'ai réfléchi et pris le pari. Le président de la banque, Jean-Maxime Lévêque, m'a fait confiance.* »

Le lundi, la démission de John Kila est annoncée. « *Il avait craqué. Il était venu nous voir avec un ordre de transfert de ses titres* », raconte Loïc Lenoir de la Cochetière. Les dés sont jetés. Le gouvernement mouille sa chemise. Alain Madelin affirme que le plan franco-canadien est « *la seule solution possible* ». François Guillaume, le très chiraquien ministre de l'Agriculture, juge le tandem « *tout à fait apte* ».

Le tribunal de commerce de Nanterre, dans les Hauts-de-Seine, n'a guère d'autre choix que de confier le groupe papetier en location-gérance provisoire au couple Pinault-Cascades.

François Pinault a un pied dans la place. Il n'en partira plus. En s'associant avec le Breton, le groupe canadien a introduit le loup dans sa bergerie. Aujourd'hui encore, Bernard Lemaire s'en mord les doigts. Interrogé, il ne souhaite pas répondre, lâchant seulement depuis Montréal : « *J'ai été échaudé, je ne veux plus en parler. J'ai encore des affaires en France. Si vous croyez vivre en démocratie...* »

Mais, en ce mois de novembre 1987, l'heure n'est pas encore au divorce. Les deux repreneurs avancent en terrain difficile. Le climat social est très pesant. Les banques se font tirer l'oreille, contraignant le Crédit lyonnais – toujours lui – à fournir le fonds de roulement de trésorerie. En réalité, François Pinault, qui est en train de prendre le guidon du tandem, sait ce qu'il veut et actionne d'inconditionnels soutiens au tribunal de commerce de Nanterre, le syndic Didier Calmels notamment.

« *Il préparait le dépôt de bilan de Chapelle-Darblay, chose qui n'avait jamais été évoquée dans la négociation avec les pouvoirs publics* », s'indigne encore aujourd'hui Loïc Lenoir de la Cochetière. Les protestations n'y font rien. Le bilan est déposé le 27 novembre 1987. Aussitôt, Jean Leprince tond les créanciers, les petits comme les gros. L'incident diplomatique avec la Finlande, dont l'industriel Valmet est très exposé, n'est pas loin : Helsinki menace de remettre en cause l'achat de missiles Thomson, si les créances ne sont pas honorées. Un cousin de l'ancien président Valéry Giscard d'Estaing, cadre du groupe de défense, fait le siège des palais nationaux pour dénoncer l'attitude de François

Pinault. L'épisode laisse des traces. De nouveau, l'image du Breton est exécrable.

Au tribunal de commerce de Nanterre, le juge Bret, qui n'avait guère apprécié le forcing du gouvernement pour la mise en location-gérance provisoire de Chapelle-Darblay, rechigne à en confier les rênes définitives au tandem franco-canadien. Cette fois, il regimbe. Et le dit à son entourage. Loïc Deraison, fraîchement arrivé au Crédit lyonnais, l'apprend, prévient Amiel qui a déjà beaucoup engagé l'argent de la banque, décroche un rendez-vous du juge : « *On assiste à une démolition en règle de François Pinault*, se souvient-il. *Le juge avait notamment en sa possession une lettre d'Édith Cresson d'une dureté incroyable, accusant l'entrepreneur de n'avoir pas respecté des engagements en matière d'emplois.* »

En sortant de l'entretien, Deraison court avenue Marceau, convainc l'homme d'affaires de lui confier, contre une commission de « peines et soins », son lobbying. « *On remonte la pente. J'apprends que le juge Bret va exiger du Crédit lyonnais des prêts participatifs qui nous obligeraient à provisionner. J'obtiens de Jean-Maxime Lévêque son feu vert pour un prêt capital, contraire à la philosophie du Lyonnais jusque-là. Je laisse filer la nouvelle jusqu'au juge Bret* ».

La manœuvre porte ses fruits. Le 11 mars 1988, tout en autorisant le plan de continuation d'activité présenté par la Franco-Canadienne de Papier, le tribunal de commerce de Nanterre impose, à la surprise générale, l'entrée du Crédit lyonnais à hauteur de 15 % dans son capital. Dès lors, les jeux sont faits. La banque va systématiquement appuyer François Pinault, qui cherche désormais, ouvertement, à évincer son allié, Bernard Lemaire.

Renouant avec les méthodes qui lui avaient si bien

réussi au moment d'Isoroy, le groupe Pinault reprend le chemin des cabinets ministériels, insinue que son associé n'est qu'un cartonnier ignorant tout du papier, émet des doutes sur sa probité, laisse entendre que le Canadien n'est pas fiable. Le cabinet d'Alain Madelin se divise. Faut-il laisser faire ? Les plus techniques des conseillers sont contre, qui s'interrogent sur les compétences papetières de Pinault. Les plus politiques sont farouchement pour : Hervé Novelli, l'ombre du ministre, Paul Anselin, le gardien des intérêts bretons, et Anne Meaux, la conseillère en communication... Les élections épargnent à Alain Madelin le soin de les départager.

Une alternance se profile. François Pinault l'anticipe. Comme le rappelle Loïc Lenoir de la Cochetière, « *lorsqu'il a été acquis, à quinze jours du scrutin de mai 1988, que la droite allait perdre les élections présidentielles, il s'est précipité chez Alain Boublil avant même que François Mitterrand ne soit réélu* ». Alors que les services du ministère de l'Industrie, débarrassé d'Alain Madelin, reviennent à la charge contre lui, la chance sourit à l'homme d'affaires breton. Loïc Deraison est nommé au cabinet de Michel Rocard, à l'invitation de Jean-Paul Huchon, passé par le Crédit agricole comme lui. « *Un jour, l'adjoint d'Huchon me convoque, me met sous le nez une note des services massacrant Pinault et me demande : "qu'en pensez-vous ?"* se souvient Deraison. *Je plaide. Le gouvernement ne donne pas suite à cette note.* » Les services du ministère de l'Industrie n'ont jamais compris pourquoi.

Ainsi bordé sur sa gauche, François Pinault peut poursuivre son travail de sape anti-Cascades. Mi-juin, l'entrepreneur abat son joker. Il réunit une assemblée générale d'actionnaires où son partenaire n'est pas représenté. Puis il souscrit, à titre personnel, une augmentation de capital de 300 millions de francs. Rondement mené, l'assaut porte. Le Breton est maître de Chapelle-Darblay.

Éjecté, le Canadien s'étonne naïvement que le ministère de l'Économie lui ait refusé l'autorisation d'investir, alors obligatoire pour un étranger, qui lui aurait permis de suivre cette augmentation de capital. Puis se rétracte. Puis envisage d'attaquer en justice le groupe Pinault pour irrégularités commises lors de la réunion d'actionnaires. Puis se résigne. Il a perdu.

Cascades obtient 40 millions de francs de dédommagements en sus du remboursement des sommes avancées. Ce cadeau de rupture est calibré *ad minimum*. Il est réduit de moitié par rapport aux 80 millions de francs évoqués par le Trésor, à la veille d'une visite officielle de François Mitterrand au Canada...

« *Quand vous laissez un millimètre de liberté à François Pinault, il vous en prend des kilomètres.* » De l'épisode Chapelle Darblay, le bâtonnier Vatier a tiré cette maxime prudente. Les pouvoirs publics, eux, vont mettre quelque temps à prendre la mesure de l'entrepreneur breton. Lorsque se négocie la part de 25 % que l'État détient encore dans Chapelle-Darblay, via une filiale de la Caisse des dépôts, ils tombent de haut. François Pinault leur propose un rachat à la valeur nominale : 70 millions de francs. Pas un sou de plus ! C'est maigre. Et assez culotté. François Pinault ne vient-il pas de rétrocéder, pour 450 millions de francs, 75 % de Chapelle-Darblay à son propre groupe ? Quatre cent cinquante millions sur lesquels l'homme d'affaires indique alors, haut et fort, ne dégager aucune plus-value personnelle. « *L'opération se fait à prix coûtant* », explique-t-il au printemps 1989. Son groupe surenchérit en soulignant que les experts évaluent Chapelle-Darblay à 900 millions. C'est dire, insiste, satisfaite, la direction de Pinault SA, si François Pinault a fait faire à l'entreprise une bonne affaire.

Bonne, l'affaire l'est peut-être... Mais, dès lors, les 25 % détenus par l'État valent, selon la méthode retenue, de 150 à 225 millions de francs. Entre le double et le triple de ce que l'entrepreneur envisage de payer. La ficelle est un peu grosse et l'homme d'affaires commet une erreur. Trop gourmand, il est aussi trop pressé. Six mois à peine après s'être emparé du papetier, il le met en vente à l'étranger. L'administration, qui a ses antennes à Londres, l'apprend. « *C'était une grosse maladresse,* explique un haut fonctionnaire. *Nous avons transmis à Pierre Bérégovoy et Roger Fauroux copie du dossier de cession.* » C'est la goutte d'eau. François Pinault est contraint de racheter à 250 millions de francs, les parts de l'État.

Revendre Chapelle-Darblay ? Faute d'obtenir le gel de deux gros projets concurrents en France, François Pinault en avait eu très vite l'intention, dès les semaines suivant le congédiement de Cascades. « *Quand Alain Boublil nous a appris que Pierre Bérégovoy avait donné son feu vert à deux usines scandinaves, nous nous sommes dit qu'il fallait quitter le métier* », se souvient Hervé Guillaume, alors patron de l'industrie au sein du groupe. Un autre ancien, Bernard Roques, le confirme : « *François Pinault avait dit qu'il revendrait au bout de deux ans si on autorisait une autre usine de papier journal, au bout d'un an s'il y en avait deux.* »

La vocation papetière de l'entrepreneur breton n'a pas résisté longtemps à l'ouverture des frontières, au libéralisme et à la concurrence. Cette vocation, d'ailleurs, à en croire Suzanne Laude, était vacillante dès le départ. « *Lorsque j'en discutais avec lui, je trouvais qu'il y allait à reculons. Je le sentais partagé même s'il jouait sa partie. C'était surtout Jean Leprince et Bernard Roques qui poussaient.* » Au printemps 1990, Chapelle-Darblay est, en tout cas, revendue au finlandais Kymmene. Et au prix fort : 1,3 milliard de francs. Le groupe Pinault empoche plus d'un demi-milliard de plus-values. « *350 millions de francs net de tout* », précise un ancien collaborateur, après que le groupe a rétrocédé 225 millions à l'État, bénéficiaire d'une clause de retour à meilleure fortune.

Moins facile que prévu, l'incursion dans l'industrie papetière a été brève. Mais elle reste largement bénéficiaire. Outre la plus-value, Pinault SA en a profité pour s'arroger l'approvisionnement des usines dont les besoins en bois s'élevaient à un million de tonnes par an. Prenant sa défense, Jean-Paul Amiel, l'ancien du Crédit lyonnais, soutient que « *François Pinault a pris énormément de risques* ». La banque aussi, serait-on tenté de rappeler. Elle qui, entre autres, sortira son poulain de ses démêlés avec Valmet, en garantissant auprès de l'Union Bank of Finland le remboursement des 457 millions de francs dus par Chapelle.

Le Breton a pris des risques, mais pour quoi faire ? Il s'est emparé d'un outil flambant neuf, modernisé à coup de milliards par l'État, et s'en est désengagé dès que la concurrence a pointé son nez. Papetier, François Pinault voulait bien l'être, mais sans bourse délier. Sans pouvoir assumer les énormes investissements qu'exige le secteur, sans en subir les cycles et sans autre usine dans l'Hexagone. En un mot, sans se plier aux règles élémentaires de l'industrie. Lors de la cession, il expliquera qu'il est désormais nécessaire de « *remettre l'entreprise entre les mains de vrais spécialistes, d'hommes qui vont investir* ».

C'était reconnaître qu'il n'était ni l'un ni l'autre. L'aveu est brutal et a de quoi confondre l'aveuglement des pouvoirs publics. François Pinault, qui bataillera avec le CDR, le consortium chargé de vendre les actifs à risques du Lyonnais, a été – sur Isoroy comme sur Chapelle-Darblay – une sorte de structure de défaisance privée, rémunérant chèrement ses services. Car il en a rendu quelques-uns. Il a sorti l'État de l'ornière Kila, et lui a permis de récupérer quelques sous au passage. Son intervention s'arrête là.

Si François Pinault a pris des risques, c'est qu'il avait visé trop haut. Sans la compétence et la surface financière nécessaires. Ce qui l'a conduit à imposer un dépôt de bilan technique, à « tondre » les fournisseurs, à balayer Cascades pour revendre dans les meilleures conditions. Le Breton s'est construit un empire. Mais ceux qui se sont trouvés sur sa route l'ont chèrement payé.

La piste de Radio Bretagne Stéréo

« *Pendant toutes les négociations sur Chapelle-Darblay, on parlait beaucoup au ministère d'une radio libre en difficulté dont Alain Madelin aurait été actionnaire à Rennes. Le ministre, qui s'était porté caution, était très ennuyé. François Pinault lui avait promis son aide, mais le faisait lanterner* », raconte un ancien haut responsable de la rue de Grenelle.

À l'époque, ajoute ce témoin, les mêmes précisaient que le trou s'élevait à 2 millions de francs.

Une radio locale écoutée à Rennes ? On en a compté

jusqu'à sept dans la capitale bretonne : de Radio Alpha la confessionnelle à Fréquence IIIe la commerciale, de Parole de Vie à Radio Congas, de Radio Rennes à Radio Savane. Mais c'est de Radio Bretagne Stéréo dont Alain Madelin était actionnaire. Gabriel Aubert, président de la Confédération nationale des radios locales (CNRL) et de la station Radio Rennes, toujours bien vivante, se souvient de RBS comme d'une concurrente délivrant « *un message assez réactionnaire, trop en tout cas pour une ville centriste comme la capitale bretonne. Elle s'était engagée en faveur de l'école libre. Chaque matin, l'avocat rennais Pierre Abegg prononçait des éditoriaux assez costauds. Le message était même excessif* ».

Les statuts déposés aux greffes du tribunal de commerce nous apprennent que l'association Radio Bretagne Stéréo avait obtenu son autorisation de diffusion le 5 septembre 1983 et qu'elle s'était transformée en SARL le 13 septembre 1985. Le capital de 100 000 francs était réparti entre six associés, notamment Georges Magnant (55 %), Pierre Abegg, l'Association pour la démocratie sociale et Alain Madelin (10 % chacun). La radio ne rencontre pas le succès. Début mars 1987, à deux jours d'intervalle, Georges Magnant et le ministre de l'Industrie cèdent la totalité de leurs parts à Pierre Abegg « *moyennant le prix d'un franc* ».

Georges Magnant revient pourtant, en tant qu'« *associé-gérant* », présider l'assemblée générale prononçant, le 16 septembre 1991, la dissolution de la société pour cessation d'activité. Il est ce même jour chargé de la liquidation. C'est chose faite le 30 septembre suivant, où l'ultime assemblée générale « *constate que, compte tenu des pertes antérieures et de la disparition de l'objet, le compte définitif de liquidation présente un solde néant et que, dès lors, aucune répartition ne peut être effectuée* ».

Joint à Bain de Bretagne, Georges Magnant, conseiller général de Démocratie libérale, le parti d'Alain Madelin, minimise son rôle et l'importance de Radio Bretagne Stéréo. « *Je n'en ai été gérant qu'au départ pour la mise en place,* explique-t-il. *C'était du bricolage et deux magnétos. On n'était propriétaire de rien. Je ne suis pas resté jusqu'au bout. C'est Pierre Abegg qui s'est occupé de tout cela. Et si je suis revenu à la fin, c'est sans doute en tant que gérant sans part.* » Quant à la présence d'Alain Madelin, c'est à peine si le conseiller général s'en souvient. Georges Magnant n'a plus en mémoire les détails de la lente agonie financière de la station. La piste Radio Bretagne Stéréo s'arrête là...

Pinault, grand patron

François Pinault face à la presse. Affrontant les analystes financiers. Animant des *road shows* à Genève, Zurich, Londres, Édimbourg, pour séduire les investisseurs internationaux... le virage est spectaculaire. Finies les années de croissance cachée, finies les reprises en catimini de menuiseries à la dérive. En octobre 1988, l'introduction en Bourse, suivie d'une émission d'obligations, change tout. Les équipes, elles-mêmes, sont épatées. « *Cette maison qui était toujours à la recherche de trois sous pour faire l'échéance, est tout à coup à la tête de trois milliards de francs* », constate le nouvel homme fort du groupe, le patron de l'industrie, Hervé Guillaume.

Depuis quelques mois, François Pinault, que son tempérament conduit à préférer l'ombre, occupe le devant de la scène. Il fait tout ce qu'il déteste faire. Battre l'estrade, parler en public, se livrer au jeu des questions-réponses. « *Soyez indulgent. Ce n'est pas son truc. Il n'aime pas ça* », plaident auprès de journalistes surpris et amusés des attachées de presse inquiètes. À juste titre. Lorsqu'il prend la parole, chacun le sent tendu, noué, mal à l'aise.

Tout lui sourit, pourtant. Les marchés boursiers lui ont donné quitus. Ce n'était pas gagné d'avance. Ils ont été rassurés par l'arrivée au capital d'un groupe d'investisseurs institutionnels – le Crédit lyonnais bien sûr, les AGF, la Financière Barclay's... –, à qui la Commission des opérations de Bourse a explicitement demandé de conserver leurs titres jusqu'à l'automne 1990. Du coup, les marchés ont avalisé une croissance débridée de 285 % en cinq ans et approuvé, sans trop barguigner, une simplification des structures bien timide : la création de sept sous-holdings. Éperdument compliqué, complètement atomisé, le groupe reste un entrelacs de 113 sociétés pour 8 500 salariés et 6,1 milliards de francs de chiffre d'affaires. Autrement dit, une société tous les 75 employés, ou tous les 54 millions de ventes. Difficile de faire plus fractionné. Pour la première fois de son histoire, le groupe présente un bilan consolidé : 300 millions de francs de résultat net.

Le ravaudage n'épargne pas les équipes. Exit le quatuor des tribunaux de commerce. Les « nettoyeurs de tranchées », comme les surnommaient les gens du bois, sont appelés, tour à tour, à donner un nouveau cours à leur carrière. À 56 ans, Jean Leprince s'installe comme conseil.

Gilles Silberman, Claude Caplan et Bernard Roques quittent la société. L'homme de confiance, Jean-Pierre Andrevon, à qui François Pinault confiait la gestion de ses contentieux, s'en va. Certains sont dédommagés royalement, d'autres plus chichement. Quelques-uns sont mortifiés mais ne le diront pas. Tous s'essaient au jeu des reprises et tentent, à leur manière, de faire du Pinault. « *Lorsqu'ils ont voulu se lancer seuls dans les affaires où ils ont réussi avec un bonheur inégal, François Pinault les a toujours aidés* », constate l'actuel bras droit de l'homme d'affaires, la directrice générale d'Artémis Patricia Barbizet.

Comme tous les self-made-men qui réussissent, le Breton a des collaborateurs adaptés à chacune de ses étapes. « *Il n'allait pas conquérir la France avec ses équipes de Rennes* », renchérit un autre proche avec une morgue bien parisienne. Le grand patron d'aujourd'hui n'a, il est vrai, plus grand-chose à voir avec le timide représentant de Célamine. La gestion d'un établissement de quelques salariés n'a rien de comparable à celle d'un groupe de plusieurs milliers de personnes.

Mais, peut-être, l'entrepreneur a-t-il d'autres motivations ? « *À chaque étape, François Pinault élimine la classe dirigeante. En découpant les souvenirs, en éloignant les gens qui savent, il efface la mémoire et pense que tout tombera dans l'oubli. Comme les enfants qui ferment les yeux pour qu'on ne les voit plus* », dit avec une certaine acidité un ancien collaborateur. À la fin des années 1980, seul survit à la purge l'encore et toujours fidèle Hubert Guidal.

L'entrepreneur, lui-même, adapte son comportement. Avenue Marceau où il a transporté son siège, il abandonne le bureau portes ouvertes. Devient invisible et s'aménage un sanctuaire. Pour ses collaborateurs, habitués à plus de proximité, l'y rejoindre devient une faveur. Être invité à s'asseoir dans les fauteuils, plus profonds et plus confortables, devient plus rare. C'est désormais à ces gestes, à ces signes, que chacun peut mesurer son rang et son audience du moment. « *Comme tous les gens qui ont besoin de la reconnaissance des autres, il aimait être sur son terrain. Le rencontrer était tout un cérémonial. Quand Jean Leprince a commencé à n'être plus en cour, cela s'est senti*, décrit Suzanne Laude, "l'espionne" de la Direction de l'industrie à Chapelle-Darblay, qui fréquenta quelques mois l'avenue Marceau. *Et quand il s'est agi*, poursuit-elle, *de remplacer ma voiture de fonction, une 205 GTI, pour d'incessants trajets entre Paris et les usines normandes du groupe papetier, on m'a fait comprendre que je ne saurais avoir un modèle identique à celui du patron. J'ai donc hérité d'une Renault 21.* »

Pinault, qui n'en avait cure, se soucie désormais de son image. Fait appel aux services de DGM, la société de relations publiques fondée par un ancien du CNPF, Michel Frois. Un homme à qui l'on doit la montée en puissance de la communication d'entreprise en France et dont l'antienne est instructive : « *Nous ne sommes pas des menteurs, mais des argumenteurs.* » Fleurissent alors les premiers récits édifiants. On célèbre l'autodidacte parti de rien. On gomme le négociant, on impose l'image du capitaine d'industrie. Les « coups fourrés » tournent à la chanson de geste. Et comme pour tous les clients, les revirements et les changements de pied deviennent stratégie. La légende se bâtit.

Le polissage connaît des ratés. Chatouilleux, l'entrepreneur ne supporte pas qu'un article de presse interfère dans les « coups » qu'il prépare. Et puis, il y a ce jour où il dément catégoriquement tout ramassage en Bourse d'actions d'une société qu'il guigne, la CFAO. Aux journalistes qui interrogent, il fait répondre : « *Dites-leur que je n'ai pas un seul titre en portefeuille.* » Quelques jours plus tard, comme l'y contraint la réglementation, il déclare un premier « franchissement de seuil ». Les autorités boursières ne bronchent pas mais l'homme d'affaires se retrouve brutalement renvoyé à sa réputation de tricheur. DGM n'apprécie guère, qui endosse les plumes du dindon de la farce. La société de relations publiques choisit de divorcer. François Pinault rejoint alors Image 7, une société concurrente tout juste créée par Anne Méaux, que l'entrepreneur avait croisée au cabinet d'Alain Madelin. Il en est toujours l'un des principaux clients.

Le groupe baptisé Pinault SA prend un nouveau visage. Hervé Guillaume et Patricia Barbizet incarnent le changement. Le premier, grand, un peu dégingandé, la silhouette sportive et le ton détaché, arrive tout auréolé de sa belle carrière chez Renault dont il était, à l'époque, le plus jeune cadre dirigeant. Un chasseur de têtes l'avait repéré pour lui proposer la direction d'Isoroy, au moment même où il éprouvait le besoin de relancer les dés. Il connaissait l'enseigne Pinault pour l'avoir vu en Bretagne et Isoroy pour des raisons familiales. De l'entrepreneur, il savait juste qu'il déchaînait des flots de passions. Ils se revoient après un premier tour des usines :

« *Quand est-ce que vous vendez ce bouclard ?* ironise l'ancien de Renault.

– *Je viens juste de l'acheter. Ce n'est pas pour le revendre*, rétorque François Pinault.

– *Qui sera le patron ?* poursuit l'impertinent.

– *Vous* », répond le Breton.

Hervé Guillaume assure aujourd'hui que le « deal » a été respecté.

Patricia Barbizet arrive quelque temps plus tard. De Renault aussi, recommandée par le nouveau président d'Isoroy. Jeune, bombardée dans un univers autocratique et très masculin, presque une équipe de rugby, son profil atypique l'aide paradoxalement à réussir son arrivée à la direction financière. Des compétences, un esprit affûté, un certain naturel, une certaine spontanéité lui donnent un statut à part. Directe mais affable, courtisée par les médias, elle renouvelle profondément l'image du groupe. Elle l'humanise.

Deux nouveaux venus de Renault... Le message paraît clair. Le groupe, sous l'impulsion du négociant en bois, prend définitivement le virage de la grande industrie. C'est le contraire qui se prépare. Personne, alors, n'en a une conscience claire. Pas même François Pinault. Ambroise Roux, son mentor, le reconnaissait, qui précisait qu'à cette époque l'entrepreneur n'avait « *pas arrêté les contours* » d'une stratégie de développement. François Pinault était capable de flairer les bons coups, d'emporter la décision à la hussarde, mais pas encore d'avoir une vraie ligne et de s'y tenir. « *C'est un homme à vérités successives*, estime Hervé Guillaume. *Quand il dit acheter Chapelle-Darblay pour devenir un industriel complètement intégré dans le bois, il ne ment pas. Il est sincère. Il le pense dans l'instant.* »

En deux ans, pourtant, la grande industrie le désarçonne. Pas seulement Chapelle-Darblay, qui lui a fait comprendre qu'il n'avait ni la surface financière ni le savoir-faire pour devenir un groupe papetier international. Mais l'univers manufacturier, en tant que tel. Un univers besogneux où l'on investit aujourd'hui, en pariant sur des retours lointains, aux antipodes d'une culture de négociant où il faut bien acheter le matin pour mieux vendre le soir.

À cet impatient, le monde industriel apparaît trop lent, trop lourd, trop corseté. Trop ouvriériste, aussi, pour un homme passé rapidement d'un négoce à l'ambiance familiale, à l'atmosphère ouatée et courtisane des sièges d'état-major. Pinault le réservé ne sait pas gérer l'agressivité des foules. Une anecdote l'atteste. En pleine crise Chapelle-Darblay, la CGT envahit les bureaux de l'avenue Marceau. François Pinault perd étonnamment son self-control. Le directeur général, Jean-Pierre Andrevon, intervient sans succès. Formé à l'école Renault, Hervé Guillaume ramène le calme. L'incident marque l'entrepreneur qui y fait plusieurs fois référence devant son entourage. Andrevon y perd de son influence, qui quitte le groupe un mois plus tard. Guillaume en gagne, qui lui succède. « *Je suis convaincu que François Pinault a pris conscience, ce jour-là, de n'être pas fait pour la vie industrielle* », confie ce dernier.

Pinault, raider masqué

Tristan Vieljeux s'en souvient encore. L'ancien armateur revoit encore ce collaborateur lui peignant François Pinault comme un petit client ayant de l'avenir. « *Il veut importer 30 à 40 000 tonnes de bois africain d'ici à deux ans* », disait avec enthousiasme le cadre de la compagnie maritime Delmas-Vieljeux. Impossible ! Impossible en si peu de temps, avait alors songé l'armateur. Il ne savait pas encore que vingt ans plus tard, pari tenu, ce client lui rendrait deux signalés services, le rachat d'une participation sans avenir et un soutien dans une bataille boursière l'opposant à un jeune rival, Vincent Bolloré.

« *À l'époque, François Pinault payait tous les mois son fret rubis sur l'ongle pour des quantités en augmentation constante,* raconte aujourd'hui Tristan Vieljeux, dans son appartement cossu du boulevard Saint-Germain, à Paris. *Il nous demandait de lui offrir les meilleures conditions. En échange de cet avantage qu'il baptisait "clause de la nation la plus favorisée", il nous confiait la totalité du transport de son okoumé, cet arbre du Gabon utilisé pour le contre-plaqué, ainsi que de tous ses bois rouges, communément appelés acajou. Sur l'Afrique, nous étions son unique transporteur.* »

Aussi, lorsque la compagnie Delmas-Vieljeux est attaquée en 1989, par Vincent Bolloré, propriétaire de son concurrent, la SCAC, François Pinault s'engage à ses côtés. Officiellement, la mise de ce dernier est réduite et n'est en rien hostile à l'assaillant. Son entourage met un soin particulier à faire savoir qu'il en a informé, lui-même, le patron du groupe Bolloré. En réalité, il se range derrière Delmas-Vieljeux. Résolument. Il prend discrètement 20 % d'El Rhaba, le holding des familles assiégées. Cette arrivée d'argent frais permet aux familles de monter en défense. Le holding porte à son tour à 15 % sa participation dans la compagnie de navigation pour aider à en verrouiller le capital. Et François Pinault ne s'en tient pas là. « *Il a mis parallèlement des capitaux à ma disposition* », confie, pour la première fois, Tristan Vieljeux tout en précisant que le dénouement de la bataille a rendu inutile l'emploi de ces munitions.

À l'époque, les explications officielles du négociant en bois sur son attitude ne trompent pas ses adversaires. Les collaborateurs de Vincent Bolloré ne croient guère à un simple geste de solidarité motivé uniquement par des relations d'affaires. Ils y voient plutôt une riposte des réseaux

RPR à une offensive menée contre un armateur proche de Jacques Chirac. Déjà distants, les liens entre François Pinault et Vincent Bolloré, tous deux Bretons, pourtant, n'en sortent pas améliorés. Encore aujourd'hui, ils restent fluctuants.

Finalement, l'attaque s'achève par une reddition, tant le prix proposé par l'assaillant est faramineux. Les familles actionnaires de Delmas-Vieljeux choisissent d'empocher l'argent. François Pinault aussi, qui fait au passage une excellente affaire. Vincent Bolloré, lui, avale sa proie mais mettra des années à s'en remettre.

Toute bataille boursière crée des inimitiés. Mais elle forge aussi des liens. Dans celle-ci, François Pinault n'est pas le seul à avoir appuyé Tristan Vieljeux. Un deuxième groupe, Pargesa, est venu porter secours à l'armateur. Cette société holding avait été créée par le financier Gérard Eskénazi en 1981, juste après l'arrivée des socialistes au pouvoir. Elle devait héberger des participations stratégiques de Paribas dans le but de les soustraire à la nationalisation de la banque. Ce montage a valu à son auteur une mise en quarantaine et l'opprobre de la gauche militante.

Tristan Vieljeux, François Pinault, Gérard Eskénazi... En ce mois de septembre 1989, le trio partage bien des secrets. Réunis au chevet de Delmas-Vieljeux, les trois hommes ont le loisir de discuter d'un autre dossier qui leur tient à cœur. Tout aussi embrouillé et avec tout autant d'argent en jeu. Avec son capital mal contrôlé, la Compagnie française d'Afrique occidentale, la CFAO, suscite les convoitises. L'héritière des comptoirs coloniaux, au passé prestigieux, est en mauvaise posture. Sa gestion est poussiéreuse. Ses investissements sont contestés. Ses résultats s'essoufflent.

Son président, Paul Paoli, s'est mis en tête de réduire la part de l'Afrique dans son activité. Il multiplie les rachats, excellents dans le cas de la distribution électrique avec CDME, plus incohérents avec la reprise de la Ruche méridionale, une chaîne de supermarchés. En août 1989, l'acquisition de l'américain Prime Equipment, spécialisé dans la location de matériels de chantier, se fait au prix fort. C'est la goutte d'eau qui fait déborder le vase. Les actionnaires s'alarment.

Tristan Vieljeux et Gérard Eskénazi sont intéressés au premier chef. L'armateur s'était invité au capital de la CFAO dans l'espoir de se voir octroyer son important fret, café dans un sens, automobiles et marchandises dans l'autre. Le banquier l'a suivi, via Parfinance, un autre de ses holdings. Il compte cultiver dans cette société hétéroclite les perles les plus profitables. Ni l'armateur ni le banquier n'arrivent à leurs fins. Faute d'avoir prise sur le président, Paul Paoli, ce « Corse têtu » qu'ils ne parviennent à infléchir.

« *Paoli était entré à la CFAO à 18 ans. Il y avait fait toute sa carrière. Il dirigeait tout, tout seul, sans informer ni écouter ses actionnaires. Quand il a voulu racheter Prime, nous lui avons fait connaître notre désaccord. Il l'a fait quand même* », s'en scandalise encore Tristan Vieljeux. « *Moi qui connaissait les États-Unis, je me demandais bien comment la CFAO, avec ses équipes formées à l'école de l'Afrique, allait pouvoir diriger, depuis Paris, des Américains basés dans le Deep South* », renchérit Gérard Eskénazi.

Mais, de la bourgeoisie des affaires, les deux hommes ont le respect des usages et la prudence diplomatique. Ils ne brusquent pas; ils agissent à découvert. Ils informent le président de la CFAO de leur mécontentement. Mais ne vont pas plus loin, se refusant à manier le bâton à l'encontre d'un dirigeant qu'ils pensent protégé. La compagnie jouit d'une certaine notoriété ; ses réseaux africains lui valent d'être suivie par la classe politique et à l'Élysée. Le Crédit lyonnais et l'UAP, qui sont aussi actionnaires, ne se montrent pas plus déterminés, qui disent en sous-main approuver la révolte tout en refusant d'apparaître en première ligne. Bonhomme, souriant mais aussi coriace, Paul Paoli joue de cette pusillanimité générale, manœuvrant pour maintenir et sa tête et sa politique.

François Pinault, lui, ne s'embarrasse pas de convenances. Il joue d'un registre beaucoup plus étendu. Depuis quelques mois, son enthousiasme pour l'industrie s'est rafraîchi. La Bourse lui a apporté 3 milliards de francs de liquidités. Il cherche. Il met à profit le réseau de relations d'affaires qu'il a patiemment construit. Un protégé d'Ambroise Roux, Jean Dromer, le dirige vers la banque Pallas et Pierre Moussa. Ce dernier, ancien président de Gérard Eskénazi chez Paribas, vient de monter une structure de fusions-acquisitions, Pallas Finance, où officie un jeune directeur, Serge Weinberg. Celui-ci planche aussi sur la CFAO. Le verdict est toujours le même. Il est sans appel : « *La compagnie est une entreprise au capital mal tenu et aux actifs mal valorisés. Hétérogène, elle peut constituer un vrai terrain de manœuvre.* » Dix jours après l'exposé des dirigeants de Pallas Finance, la religion de l'entrepreneur est faite.

« *Cela n'a pas été perçu tout de suite mais sa ligne directrice était devenue très claire. Son souhait était de faire basculer ses activités de l'industrie vers la distribution. C'était son métier d'origine, un métier qu'il comprenait bien*, assure Serge Weinberg, aujourd'hui président du directoire du groupe Pinault-Printemps-Redoute. *Il en avait gardé les réflexes. Plus tard, lorsqu'il visitera la CDME, la filiale de matériel électrique, il sera instantanément chez lui, sachant d'ins-*

tinct comment réagissent les vendeurs et les clients », ajoute-t-il pour illustrer son propos.

François Pinault a la CFAO en ligne de mire. Pour son compte, Pallas Finance commence un discret ramassage de titres en Bourse. Mais le Breton fait patte de velours. Il a l'habileté de se faire appeler par Paul Paoli qui cherche des alliés contre Tristan Vieljeux et, surtout, contre Parfinance devenu son principal actionnaire avec 20 % du capital. Le banquier Jean-Louis de Roux, un « missi dominici » de l'entrepreneur breton, convainc le président de la compagnie que François Pinault n'est pas un financier à courte vue, mais un entrepreneur comme lui. Paul Paoli croit trouver « un autre Africain ».

Le négociant ne fait rien pour le détromper. Roué, il lui propose de rejoindre son propre conseil d'administration et de mettre en place une coopération entre leurs deux groupes. Faussement compatissant, il le réconforte. Quand Parfinance demande la vente du prestigieux immeuble de la CFAO, place d'Iéna à Paris, pour renflouer les comptes, le président s'insurge : « *Ils veulent me faire brader le siège. Ils sont fous, ces financiers.* » Patelin, son nouvel ami acquiesce contre toute logique, lui qui sait par l'étude de Serge Weinberg que l'immeuble, inscrit au bilan pour 60 millions de francs, en vaut infiniment plus...

C'est après que le ton change. Quand François Pinault, déjà gros actionnaire de la CFAO, entre enfin au conseil d'administration. Le Breton se dit floué. Prétend découvrir les égarements stratégiques, les erreurs de gestion. S'agace soudain des méthodes de Paoli. Rejoint officiellement le camp de Parfinance. « *Nous l'avons vu arriver d'un bon œil. Il avait la même analyse que la nôtre. Nous le considérions comme un bélier qui allait nous aider à enfoncer la porte de la forteresse* », se souvient Aimery Langlois-Meurinne, le directeur général de Parfinance.

Ensemble, ils obtiennent la création d'un comité stratégique qui épluche le passé. Contestent les analyses qui leur sont présentées. Découvrent que la cession en Bourse de titres CDME a donné lieu à un petit tour de passe-passe : les plus-values ont été inscrites en résultat courant et non en résultat exceptionnel...

Paul Paoli se sent cerné. Il demande à la banque britannique Warburg d'allumer un contre-feu. Trop tard. Partagé jusqu'ici entre son soutien à l'assaillant breton et l'amitié que porte au Corse son représentant au conseil d'administration, le Crédit lyonnais bascule. Tout comme l'UAP. Le 16 mars 1990, François Pinault prend l'initiative et propose aux administrateurs de la CFAO le départ du président. Le Breton, qui détient 23 % du capital, lui succède. Le négociant a réussi là où tous les autres avaient échoué.

« *Quand il se fixe un objectif, il le réalise vite, sans se noyer dans les détails* », résume Gérard Eskénazi. Un mois après sa prise de pouvoir, le grand nettoyage commence. En cette veille du week-end de Pâques, le milliardaire et ses équipes sont reçus par le patron des supermarchés Casino, Antoine Guichard, et son banquier David Dautresme. Dans la salle à manger feutrée du dernier étage de la banque Lazard, les discussions s'enlisent autour d'un café-croissants. Depuis des jours, elles achoppent sur le prix des magasins de la Ruche Méridionale.

« *Isolons-nous* », lance alors François Pinault à Antoine Guichard. Il lui met alors l'affaire en main : 3 milliards « cash » et il les lui cède. Trois milliards « cash » ? C'est près du double du prix payé par Paul Paoli, un an auparavant. Le patron stéphanois se récrie. Il hésite. Les regards se jaugent. Ils topent. « *Ils sont revenus rayonnants* », raconte David Dautresme, encore étonné par la manière inhabituelle du Breton.

Puis, c'est l'immeuble de la place d'Iéna qui est mis en vente. Celui pour lequel Paul Paoli avait refusé une offre de 2 milliards de francs en 1989. En apparence, le dossier se dénoue promptement. Et pour le plus grand bénéfice du Breton : quelques mois avant la chute de l'immobilier, l'entrepreneur en obtient, miraculeusement, 1,3 milliard – plus de 100 000 francs le mètre carré tout de même – du Crédit lyonnais, son banquier. En réalité, la cession et ses suites tournent à l'imbroglio et se concluent d'une façon un peu moins heureuse que prévue pour François Pinault.

« *À l'époque, l'entrepreneur était déjà l'un de nos plus gros risques. Qu'il s'écroule et c'était le désastre assuré. Reprendre l'immeuble lui faisait faire une plus-value le stabilisant. En bonne gestion, cela n'était pas stupide, même si c'était fait au plus haut du marché* », plaident les équipes du Lyonnais pour justifier l'achat par la banque. En réalité, cette dernière a mis le doigt dans un coûteux engrenage. L'immeuble est en effet revendu pour 1,1 milliard de francs au groupe Vaturi pour être transformé en un grand hôtel de luxe. « *Ce projet avait le soutien de tout le monde, y compris de la mairie de Paris, soucieuse de revitaliser un quartier dépourvu d'équipements de cette nature* », poursuivent les mêmes équipes.

C'est ce projet, pourtant, auquel Jean Peyrelevade, dès sa nomination comme P-DG de la banque en 1993, décidera avec Dominique Bazy, son numéro deux, de mettre brutalement fin. « *Le Lyonnais avait plus de 5 milliards de francs d'engagements sur le groupe Vaturi* », rappelle ce dernier pour expliquer cet abandon. Cinq milliards dont une moitié ne sera pas récupérée. L'immeuble de la place d'Iéna retombe dans l'escarcelle du Crédit lyonnais pour 600 millions de francs. « *Par conversion de créance, je vous rassure. On n'a pas mis d'argent dedans* », précise Dominique Bazy. François Pinault, que son accord avec la banque avait contraint à conserver un quart du risque, doit s'exécuter.

Céder l'américain Prime est encore plus difficile, mais la hausse du dollar limite la casse. Surtout, l'élagage ne s'arrête pas là. Le Breton sort du conseil d'administration les anciens présidents qui constituaient la garde rapprochée de son prédécesseur. Mais il entoure d'attention l'avocat Jean Loyrette, le conseil de l'establishment qui, ami de l'ancien président Paoli, se sentait mal à l'aise. Prévoyant, François Pinault ne se crée pas d'ennui avec les grands noms de la place. Le monde des affaires est petit.

Parfinance, dont Gérard Eskénazi vient d'être évincé, songe-t-il à se désengager ? Le nouveau président de la CFAO propose de lui reprendre une partie de ses titres sur la base d'un cours de Bourse très élevé. La banque se frotte les mains. « *Nous n'avons eu qu'à nous féliciter de notre collaboration. Nous sommes sortis avec une plus-value assez importante* », explique Aimery Langlois-Meurinne. L'UAP aussi réalise une bonne affaire.

Les petits actionnaires sont moins chanceux. En décembre 1990, François Pinault, qui a pris soin de ne pas dépasser 33,1 % du capital pour n'avoir pas à lancer une OPA, décide de fusionner son groupe avec la CFAO. Il a choisi son moment : quand vient l'échange des titres, l'action de la compagnie a perdu la moitié de sa valeur en six mois. Plus tard, il récidivera avec le Printemps et La Redoute. Les petits porteurs des sociétés rachetées lui en garderont rancune. Il lui faudra beaucoup de temps pour le leur faire oublier.

De l'utilité d'une menuiserie à Nevers

À l'été 1992, *Libération* s'étonne. Pourquoi diable François Pinault, qui s'est séparé de presque toutes ses fabriques de meubles au printemps puis d'Isoroy, a-t-il repris au début de l'année, à contre-courant de cette stratégie de retrait, la scierie et parqueterie de la Charité-sur-Loire, Bois et Investissements nivernais ? Une petite affaire en difficulté de 47 salariés, placée en redressement judiciaire avec 20 millions de francs de passif, et dont l'industriel reconverti dans la distribution n'a, a priori, que faire...

Gentiment persifleur, le quotidien avance une explication. Sans doute, souligne-t-il, faut-il y voir le fait que le maire de Nevers et le Premier ministre d'alors de François Mitterrand, ne sont qu'une seule et même personne, Pierre Bérégovoy. « *Sauver une vingtaine d'emplois dans le fief du Premier ministre vaut sans doute une petite entorse au repli stratégique* », commente le quotidien [1].

Libération ne pense pas si bien dire... Difficile à trouver dans le feu de l'actualité, la vraie réponse à l'interrogation se trouve au fin fond du rapport annuel du groupe Pinault, consacré à l'exercice 1990. En page 91 exactement. Le conseil d'administration du 21 février, est-il écrit, a décidé que le holding du groupe Pinault SA allait céder toutes les actions et obligations CFAO qu'il détenait jusque-là à l'une de ses filiales à 100 %, la société Européenne des bois et papiers (EBP). « *Cette cession a été réalisée à la fin du mois de juin* », précise le rapport.

1. « Pour le Printemps, Pinault transforme le bois en or », *Libération*, 11 août 1992.

À lire vite, on peut croire à un simple reclassement technique, opération dont les entreprises sont coutumières. Les choses se compliquent lorsqu'on découvre, en page 92, que le même conseil d'administration, le 31 octobre cette fois, entérine le rachat à l'européenne des bois et papiers de toutes les actions CFAO qu'elle vient à peine d'acquérir. Rien n'est dit sur le nom de l'acheteur que l'on découvre, au terme d'un véritable jeu de piste, en page 56, dans les « Notes aux états financiers consolidés » : l'acquéreur n'est autre que Pinault SA, et le 28 septembre, la date de la transaction. Le document explique ce second transfert par le souci « *d'éviter une participation croisée* », François Pinault ayant décidé de fusionner son groupe avec la CFAO qu'il contrôle. Retour à la case départ, donc, trois mois seulement après la première transaction. Erreur d'appréciation ? Mauvaise anticipation ?

Cela devient difficile à croire quand une lecture pointilleuse des documents apprend que les deux transactions ne se sont pas faites aux mêmes conditions. La première, est-il expliqué, a été réalisée « *au prix d'acquisition des titres par Pinault SA* », et la seconde « *au cours de Bourse du jour* ». Le prix est loin d'être le même, la guerre du Golfe ayant entretemps fait chuter les places financières mondiales. La page 56 du rapport annuel nous enseigne que cet aller et retour s'est traduit « *pour EBP par une perte de 1 086 millions de francs* ».

Délibérée, cette perte devait faire « *économiser au groupe un montant d'impôt colossal* », explique aujourd'hui l'un des hommes clés du dossier. Lorsqu'elle découvre l'opération, l'administration fiscale ne s'en laisse pourtant pas compter, qui y voit une moins-value ficitive, le groupe s'étant vendu à lui-même. « *Cela s'est tranché dans le bureau de Pierre Bérégovoy par un rappel. De 250 millions de francs, si ma mémoire est bonne* », poursuit notre interlocuteur. Un moindre mal, en quelque sorte. La modération du ministre de l'Économie avait une raison : « *François Pinault avait rendu un service au maire de Nevers, en reprenant une petite affaire de menuiserie* », conclut ce témoin. *Libération* tient désormais son explication.

Pinault Trustee

En ce mois de novembre 1992, à Paris, un petit groupe d'experts financiers bouclent, dans le plus grand secret, une note très pointue consacrée au groupe Pinault. Trente-six pages d'audit des comptes, de décryptages de chiffres et d'analyses juridiques, signant une radiographie extrêmement précise des affaires de l'entrepreneur breton. Trente-six pages réservées à quelques très influents clients de la banque Arjil, qui sont prêts à payer cher l'accès à un document qui leur permettra de connaître les ressorts secrets de la croissance du groupe Pinault. Ils ne verront pourtant qu'une version du texte soigneusement expurgée.

Cette étude, réalisée par une filiale de la banque de Jean-Luc Lagardère, fait suite à deux grosses opérations financières menées par François Pinault : le rachat de Conforama pour 4,4 miliards de francs en avril 1991 ; celui des deux tiers du groupe Printemps pour 5,3 milliards entre septembre 1991et mars 1992. En moins d'un an, le Breton a engagé près de 10 milliards de francs. De quoi rendre interrogative, voire suspicieuse, une communauté financière pourtant bluffée par l'habileté et le culot des montages utilisés.

François Pinault n'a-t-il pas revendu, sitôt acheté, Conforama au Printemps pour rembourser l'acquisition de ce dernier, ce qui revenait à s'offrir – au moins partiellement – le grand magasin du boulevard Haussmann, avec l'argent de celui-ci ? N'a-t-il pas lancé une OPA limitée à 66 % du capital du Printemps, possible à l'époque mais contestée par les actionnaires minoritaires ? Saisis, les juges donneront raison à l'entrepreneur. Interpellé, le législateur lui donnera tort, interdisant à l'avenir cette pratique boursière qui s'était avérée défavorable aux petits porteurs.

La bataille judiciaire a été publique, projetant François Pinault sur le devant de la scène. Lorsque l'étude arrive sur son bureau, la curiosité de Christian Giacomotto, président de la banque Arjil, ne peut être qu'aiguisée. Les chiffres éveillent l'intérêt du professionnel qui les dissèque en connaisseur. Ils lui apportent confirmation du niveau d'endettement de Pinault SA. À la fin du premier semestre 1992, celui-ci atteint le montant gigantesque de 20,4 milliards de francs, près de deux fois les fonds propres. Un tel ratio dépasse très largement les normes usuelles. Selon l'étude, Pinault SA ne peut aligner, à cette époque, que 1,9 milliard de trésorerie. En face, il doit rembourser 10 milliards d'échéances à moins d'un an. Le déséquilibre est patent.

Le patron de la banque de Jean-Luc Lagardère ne boude pas non plus les singularités comptables mises à nu par les auteurs. Comme eux, il remarque le poids étonnamment et continûment élevé des profits exceptionnels dans le total des bénéfices du groupe Pinault. On peut dire que ce sont eux qui font les résultats. Pas la gestion courante de la société. Ces profits exceptionnels représentent 23 % du bénéfice net déclaré en 1987. Ils se hissent au niveau record de 87 % en 1990, lors de la cession de La Chapelle-Darblay, pour revenir autour de 30 % au moment des opérations Conforama et Printemps.

Christian Giacomotto sait que ce poste fourre-tout permet, selon l'objectif poursuivi, de faire varier à la hausse ou à la baisse le montant des bénéfices d'une société. « *L'ampleur du poste "exceptionnel" et la modification de l'équilibre des activités gêne la lecture des comptes et leur interprétation* », écrivent d'ailleurs les auteurs de la note confidentielle. Dans l'univers feutré du milieu de la banque, ces mots ont un poids. Ils constituent une mise en garde.

Chaque page attire l'attention sur la situation financière particulièrement « *tendue* » du groupe Pinault. Son côté exercice d'équilibriste. C'est ainsi que l'on découvre la complexité du montage, jamais révélé, du rachat de Conforama par la Compagnie internationale d'ameublement, l'une des sociétés de l'entrepreneur breton : « *Compte tenu des moyens limités du groupe, cette opération a fait l'objet d'un montage financier mixant un portage par des investisseurs extérieurs (soit 835 millions de francs d'augmentation de capital de cette filiale et 600 millions de convertibles), un apport de capitaux propres par Pinault de 750 millions de francs, un prélèvement sur la trésorerie de 800 millions et un endettement bancaire de 1,4 milliard.* »

C'est aussi la toute première fois qu'une étude met crûment en lumière l'une des caractéristiques occultées de l'ascension de François Pinault : « *Plus que le cash-flow industriel, ce sont les plus-values financières et le levier de l'endettement qui ont fourni le ressort financier de son essor.* » Autrement dit, ce n'est pas tant une gestion rigoureuse qui a permis la croissance du groupe, mais bien davantage, une savante ingénierie financière. La déconfiture de filiales, aussitôt après leur cession comme le fabricant de meubles Guermonprez ou le cuisiniste Lafa, montrent même que certaines d'entre elles avaient été laissées délibéremment en jachère.

Ce ne sont pourtant ni les chiffres ni le constat qui troublent Christian Giacomotto. Tout cela ne saurait étonner qu'à moitié un banquier averti. En revanche, ce que révèle l'analyse des structures juridiques le fait tiquer. Sous l'intitulé : « *Le fonctionnement de la Financière Pinault et l'équilibre des pouvoirs au sein du groupe* », les auteurs de la note confidentielle relativisent les explications officiellement avancées pour justifier la transformation de ce holding en société en commandite par actions, complétée par une structure un peu mystérieuse baptisée Pinault Trustee. Une SARL cette fois.

Dès sa mise en place, le milliardaire et son entourage présentent cette construction juridique élaborée par Alain Minc et l'avocat Jean-Michel Darrois comme un « *dispositif inédit pour assurer sa succession* » en cas de coup dur. Il s'agit, à les entendre, de séparer la dévolution du patrimoine de celle du pouvoir. Composé de six « *sages* » siégeant à titre personnel – Jean-Yves Haberer du Crédit lyonnais auquel succédera Jean Peyrelevade, Alain Minc, Jean-Louis de Roux, Gérard Eskénazi, Jérôme Monod et l'ami américain John J. Ryan –, Pinault Trustee doit officiellement décider, en cas de disparition brutale du fondateur, si l'aîné des fils, François-Henri, est apte à prendre les commandes.

« *C'est très révélateur de la vision qu'a François Pinault de la nécessité d'assurer la pérennité de l'entreprise qu'il a bâtie et du sort de ces 70 000 personnes qui y travaillent. C'est là quelque chose qui est sans équivalent chez les capitalistes que je connais (...). Que ce système ait existé prouve une fois de plus la liberté d'esprit de François Pinault par rapport aux usages et son sens de la responsabilité personnelle. Il était prêt pour le bien des boîtes à séparer leur sort de l'héritage de son patrimoine. C'est vraiment une vision d'entrepreneur* », déclare ainsi Alain Minc à Pierre Daix, pour les besoins de sa très officielle biographie [1].

Préparer la succession... l'argument est recevable. Mais derrière se cache une tout autre motivation. La note préparée pour la banque Arjil démontre en effet que la construction juridique de janvier 1992, obéit à une logique cachée. Il s'agit aussi de formaliser, tout en les dissociant, les liens entre le groupe Pinault et le Crédit lyonnais. Le milliardaire veut encadrer le pouvoir d'une banque, qui est alors son actionnaire à hauteur de 20 % et son principal bailleur de fonds. Deux qualités qui devraient la mettre en position de force face à son groupe, dépendant et surendetté.

Tout concourt, dans ces nouvelles structures, à amoindrir cette position. Les experts de la banque Arjil rappellent d'abord un fait. La Financière Pinault, holding de tête du groupe, est depuis peu une société en commandite par actions. Ils soulignent ensuite que cette forme juridique protège les entrepreneurs en mal de capitaux du pouvoir de ceux qui leur en apportent. Ils remarquent ainsi que, depuis le 1er janvier 1992, « *les différentes augmentations de capital de Financière Pinault – dont la dernière en date d'un*

1. *François Pinault*, de Pierre Daix, *op. cit.*

montant de 1 milliard de francs a été intégralement souscrite par le Crédit lyonnais –, ont permis à l'entrepreneur d'accroître sa marge de manœuvre sans encourir le risque d'être dilué ».

C'est d'autant plus vrai que la banque n'a pas négocié – ou en tout cas pas obtenu – la place au sein de la commandite qu'elle aurait pu légitimement revendiquer. Fort technique, la note rappelle que la nouvelle forme juridique de la Financière Pinault fait désormais cohabiter en son sein deux catégories d'associés aux pouvoirs très différents.

Les premiers, les commandités, décident des orientations stratégiques de la société. Ils sont au nombre de deux : l'entrepreneur breton lui-même et Pinault Trustee, dont il est le gérant. Le système est d'autant mieux verrouillé, que le milliardaire s'est aussi octroyé le poste de gérant de la Financière Pinault. Cela fait de lui le seul maître à bord pour toutes les opérations de gestion courante du holding. Et comme les statuts fixent la limite d'âge pour cette fonction à 75 ans révolus, il est en place jusqu'en 2011. Les orientations stratégiques, la gestion courante... c'est beaucoup.

En revanche, les pouvoirs des commanditaires de la Financière Pinault sont réduits à leur plus simple expression. C'est dans cette seconde catégorie d'associés que s'est laissé enfermer le Crédit lyonnais. Actionnaire, il est démuni d'un droit « plein », tel qu'il s'orchestre dans les sociétés anonymes. Ce constat fait écrire aux auteurs de la note confidentielle : « *La nouvelle structure de société en commandite par actions de la Financière Pinault a pour aboutissement un partenariat dans lequel le Crédit lyonnais se contente d'apporter son financement sans pouvoir réellement participer au devenir de l'entreprise.* »

« *C'est à ce niveau,* ajoutent les auteurs, *qu'intervient le deuxième volet du montage, à savoir la SARL Pinault Trustee, associé commandité de la Financière aux côtés de François Pinault.* » Cette SARL assume conjointement avec l'entrepreneur breton le pouvoir réel au sein de la commandite par actions. Elle « *regroupe un certain nombre d'associés dont l'avis, selon des règles de majorité particulière, est requis non seulement pour le fonctionnement de la SARL, mais aussi pour toute décision afférant à la structure, telle la modification des statuts (agrément d'un nouvel associé)* ».

Pinault Trustee a une fonction stratégique essentielle. Associés à part égale, ses membres sont tous des personnes physiques. « *Cette condition,* relèvent les auteurs, *est expressément stipulée dans les statuts.* » La précision est importante, puisqu'elle revient à dire que c'est Jean-Yves Haberer en tant que tel qui est associé de la SARL, et non pas le Crédit lyonnais personne morale qu'il préside. Un point des statuts en donne une preuve supplémentaire. On peut même dire qu'il est taillé sur mesure pour le Crédit lyonnais puisqu'il prévoit expressément qu'un associé exerçant « *des fonctions de président-directeur général d'un conseil d'administration dans un établissement de crédit ou une compagnie financière détenant plus de 20 % de la Financière Pinault* » est une personne physique. Dans le cas contraire, c'est l'exclusion de plein droit. Si Jean-Yves Haberer puis Jean Peyrelevade *intuitu personae* ont quelques pouvoirs, le Crédit lyonnais, lui, n'en a aucun.

Quant, en mars 1997, le député RPR, Patrick Devedjian, met violemment en cause François Pinault dans le scandale du Crédit lyonnais, ce dernier évoque en réponse, dans un entretien au *Figaro,* le rôle discret de Pinault Trustee. Développant le même thème que son talentueux conseiller Alain

Minc, sur les garanties que devait apporter cette structure à son entreprise en cas de succession anticipée, le milliardaire souligne alors que son fils, François-Henri, a « *maintenant fait ses preuves. Pinault Trustee a rempli sa fonction et a donc vocation à disparaître* [1] ». Sans doute, l'homme d'affaires prend-il acte de la montée en puissance du jeune P-DG de la Fnac. Mais il oublie de dire que défaire Pinault Trustee aujourd'hui, c'est solder la rupture des liens capitalistiques entre l'établissement financier et ses holdings. La banque n'étant plus actionnaire, nul besoin désormais d'encadrer son pouvoir.

Quand Christian Giacomotto repose la note, il ne connaît pas l'avenir. Il repense aux trois conclusions sans appel tirées par ses experts pour qualifier le montage d'alors des holdings de contrôle du groupe Pinault : « *complexité* » ; « *manque de transparence* » ; un fonctionnement selon des modalités qui « *s'effectueront d'une certaine manière en dehors de tout contrat de société* ». Le président de la banque Arjil sait qu'il ne peut rendre public ce volet juridique : son patron, Jean-Luc Lagardère, prépare sa propre commandite avec le Crédit lyonnais...

Pinault Haussmann

Lorsque Alain Minc évoque le rachat du Printemps, il raconte : « *C'est parti sous forme de boutade. Si on achetait le groupe de grands magasins, on le paierait en lui revendant*

1. « J'ai fait gagner beaucoup d'argent au Crédit lyonnais ». Interview de François Pinault, *Figaro Économie*, 14 mars 1997.

Conforama ! » Et le conseiller de François Pinault, dont la collaboration avec l'homme d'affaires commençait juste avec ce dossier, ajoute en guise de commentaire : « *De toute façon, nous ne pouvions pas faire autrement, nous n'avions pas l'argent.* » De mai 1991 à mai 1994, de l'acquisition de Conforama à la fusion-absorption de La Redoute par sa maison mère, Pinault-Printemps, le Breton et ses nouveaux conseillers déploient donc tous leurs talents. Et font, avec brio, la démonstration qu'on peut tout acquérir sans en avoir les moyens, à condition de n'avoir pas à payer. La loi le permet parfois...

Pendant trois ans se succèdent des montages boursiers qui font le régal des juristes spécialisés. Toutes les autorités de marché sont sollicitées : la Commission des opérations de Bourse (COB), le Conseil des Bourses de valeurs (CBV), la cour d'appel de Paris, celle de Roubaix et même la Cour de cassation. Au final, François Pinault, admirablement conseillé, gagne sur toute la ligne. Au passage, il y conforte la mauvaise réputation que lui avaient valu son entrée en allié dans la CFAO, son putsch puis l'absorption à la hussarde de sa proie. Réapparaissent les accusations de « spolieur » de petits porteurs et de « tueur » de collaborateurs. Quand Pierre Blayau, fraîchement débauché de Saint-Gobain pour prendre les rênes du Printemps, se présente à Antoine Bernheim, l'un des administrateurs du groupe, il s'entend dire : « *J'espère que vous avez un contrat en béton, parce que avec Pinault...* » Quand la remarque reviendra aux oreilles de l'homme d'affaires, l'associé-gérant de la banque Lazard y laissera son fauteuil au conseil et la brouille des deux hommes sera durable.

Ce nouveau chapitre de la saga du milliardaire commence donc avec le rachat de Conforama. Après sept mois de marchandages, François Pinault obtient de Bernard Arnault qu'il lui cède cette très profitable enseigne de meubles, pour plus de 4 milliards de francs. Raffiné, le mécanisme du rachat suscite quelques commentaires aigre-doux, mais le débat tourne court. En revanche, la prise de contrôle du Printemps, qui s'engage à l'automne 1991, va nourrir la polémique pendant des mois. Cette fois, les petits porteurs iront au procès, furieux de ce qu'ils estiment être un tour de passe-passe. Ils récidiveront quand la fusion du Printemps avec La Redoute, sa filiale, leur apparaîtra comme un moyen commode, mais critiquable, de consolider les comptes du groupe du Breton, dangereusement mis à mal par une croissance échevelée.

L'anecdote veut que la conquête du Printemps commence un soir de l'été 1991, lorsque François Pinault, de retour de Pologne, demande au chauffeur qui le ramène de l'aéroport du Bourget, de mettre la radio. Le commentateur y narre les mésaventures, outre-Atlantique, de la famille suisse Maus dont la filiale, Bergner, vient de perdre 900 millions de dollars et est contrainte de se placer sous la protection de la loi américaine sur les faillites. Riches, les Maus le sont, mais ils sont quand même contraints, pour se refaire, de vendre l'un de leurs joyaux, le groupe Printemps, dont la plupart des Français ignorent d'ailleurs qu'il est leur.

Et s'il semble bien que le milliardaire suisse Bertrand Maus ait, un temps, caressé l'idée de faire une bonne affaire sur le dos du Breton, il lui faudra déchanter. François Pinault impose ses volontés. L'homme d'affaires sait se concilier les politiques et le management du grand magasin. Devant Pierre Bérégovoy, le patron de Bercy, il agite le « drapeau tricolore ». Sa candidature, fait-il valoir, est le moyen de repousser les avances « étrangères » des allemands Quelle ou Metro. La déconfiture de la famille Maus est une occasion inespérée de voir le Printemps redevenir français, plaide avec succès celui qui, en son temps, avait su si bien revendre Chapelle-Darblay à un groupe finlandais... Devant le management, il promet un nouvel essor pour le groupe. Non seulement le Printemps ne sera pas dépecé, mais il sera renforcé par l'apport de Conforama qu'il vient tout juste d'acheter. Le patron du Printemps, Jean-Jacques Delort, est d'autant plus facile à convaincre qu'il a peu, et c'est un euphémisme, d'estime pour Bertrand Maus.

Pressée de vendre, la famille suisse n'a plus guère le choix. Elle va même se plier à un beau tour de prestidigitation boursière pour éviter que l'acquisition du Printemps ne coûte trop cher au Breton. À l'époque, si vous achetiez le contrôle d'une société – sa majorité –, vous deviez lancer une offre publique d'achat (OPA) sur 100 % de son capital. Mais si vous vous portiez acquéreur de 33 à 49,9 % des droits de vote d'une entreprise, la loi vous autorisait à ne lancer une OPA que sur 66 % de son capital. Pour épargner à François Pinault l'OPA à 100 % qu'il ne peut pas financer, la vénérable famille helvète accepte, avant de vendre, de convertir au porteur, ses actions qui étaient au nominatif jusque-là. Cela leur fait perdre, ipso facto, leurs droits de vote double et fait chuter la participation des Maus à 37,31 % des droits de vote seulement pour 40,5 % du capital. Le Breton achète alors le paquet d'actions pour 3,3 milliards de francs. Il s'offre le contrôle sans en acquitter les frais. Les petits porteurs sont les grands perdants, qui regardent les choses se faire et ne peuvent même pas apporter la moitié de leurs titres à l'offre publique d'achat.

En janvier 1992, ils attaquent l'avis du Conseil des Bourses de valeurs qui a déclaré « juridiquement recevable » l'OPA de Pinault. La COB, la Commission des opérations de Bourse, les appuie. Elle juge « *irrégulière en droit* » l'entente entre Pinault et les Maus pour éviter une OPA à 100 %. Elle souligne que cet accord rompt « *l'égalité de traitement entre les actionnaires* ». Le 10 mars 1992, pourtant, la cour d'appel de Paris, que préside Myriam Ezratty, tranche en faveur du Breton. Le tribunal estime que « *la majorité des droits de vote nécessaire pour* [déclencher une OPA à 100 %] *doit être appréciée lors du transfert des titres dans le patrimoine de l'acquéreur* ».

L'homme d'affaires a gagné. « *La loi le permettait. Cette disposition avait été adoptée pour permettre, justement, à des sociétés françaises sans beaucoup de moyens de lancer des OPA. Faute de quoi, on les réservait aux seuls très grands groupes américains* », argumente aujourd'hui encore Me Jean-Michel Darrois, l'avocat de François Pinault. La cour d'appel a dit le droit. Mais pas forcément rendu la justice. Cette OPA à 66 % sera la dernière. Le parlement modifiera la loi pour les interdire.

Il ne reste plus à François Pinault, pour parachever ce tour de passe-passe, qu'à faire payer au Printemps son propre rachat. C'est chose faite lorsqu'il lui revend, pour 4,8 milliards de francs, la chaîne Conforama payée 400 millions de moins, onze mois auparavant. Bref, sur les 5,3 milliards de francs que l'entrepreneur a dû acquitter pour arriver à ses fins, 500 millions seulement sont à sa charge. Cinq cents millions qui lui permettent de contrôler un groupe qui valait 8 milliards. Première tombée de rideau.

Le deuxième acte se joue à l'automne de la même année.

François Pinault se propose de faire absorber son groupe – celui venu du bois – par sa nouvelle filiale, le Printemps. Au préalable, il annonce un « *geste, non par remords, mais par élégance, en direction des actionnaires minoritaires* [1] ». Et quel geste ! Il leur propose de racheter leurs actions Printemps à 780 francs quand, neuf mois auparavant, son groupe offrait, pour ses mêmes titres, 1 105 francs l'action à la famille Maus et aux heureux élus qui avaient pu apporter quelques titres à l'OPA à 66 %.

Commence alors l'acte III. En février 1994, le nouveau groupe Pinault-Printemps annonce son intention de fusionner avec La Redoute, sa filiale à 54,4 %. La parité de fusion (une action Redoute pour 0,91 action Pinault-Printemps) étonne, unanimement jugée peu généreuse par rapport aux cours de Bourse. La COB prend soin d'en avertir le public. Mais, à la surprise générale, ce n'est pas sur ce terrain que les actionnaires minoritaires du groupe de vente par correspondance choisissent de contester l'opération. Ils s'inquiètent du fait que la société absorbante (Pinault-Printemps) est actionnaire de la société absorbée (La Redoute). Ce faisant, disent-ils, elle bénéficie d'un « *avantage particulier* » : le groupe Pinault-Printemps va recevoir des actifs (des biens), tandis que les petits porteurs (de La Redoute) ne recevront que des titres Pinault-Printemps. L'optique retenue par les actionnaires minoritaires s'avère mauvaise. La COB, par la voix de son président d'alors, Jean Saint-Geours, souligne que « *les textes ont prévu qu'une société qui en contrôle une autre a le droit de l'absorber en exerçant son pouvoir de contrôle. Sans doute peut-on penser que les actionnaires minoritaires ne sont pas alors dans une situation très*

1. *Le Figaro*, 23 septembre 1992.

confortable. Mais la loi est la loi [1] ». Le tribunal de commerce de Roubaix est du même avis. Et, en juillet 1994, la cour d'appel de Douai déboute une nouvelle fois les minoritaires. Le groupe Pinault-Printemps-Redoute (appelé PPR par simplification) est sur les rails.

Pinault SA, Pinault-Printemps, Pinault-Printemps-Redoute... En trois ans, le groupe change trois fois de nom. Et trois fois de tête. François Pinault d'abord, Jean-Jacques Delort ensuite, Pierre Blayau enfin... Avec le rachat du grand magasin, l'homme d'affaires ne fait pas qu'explorer les limites du droit. Il inaugure une nouvelle forme de management. Il profite de la forme juridique de la société – un conseil de surveillance qu'il préside, un directoire à qui revient la gestion – pour déléguer la direction quotidienne d'un empire, lourd désormais de 70 000 salariés et de 70 milliards de francs de chiffre d'affaires. Mais cette délégation de pouvoir ne va pas sans coups d'éclat, malentendus et tâtonnements, donnant tout son sens à la mise en garde d'Antoine Bernheim à Pierre Blayau.

La rencontre avec Jean-Jacques Delort ? C'est, au mieux, une méprise. Au pis, une tromperie. Quand Pinault veut le Printemps, il s'en attache le patron. Jean-Jacques Delort était, à l'époque des Maus, l'homme du redressement du grand magasin. L'entrepreneur a-t-il pensé, réellement, lui en laisser les clés ? Non, assure Loïc Deraison, l'homme du milliardaire au Crédit lyonnais, la banque sans qui rien n'aurait pu se faire : « *Jamais François Pinault n'a pensé le garder !* » Oui, affirment les défenseurs du Breton. En revanche, assurent-ils, Jean-Jacques Delort s'est trompé lorsqu'il pensait jouir avec le nouveau propriétaire de la

1. *Le Figaro*, 27 avril 1994.

même autonomie – de la même indépendance, pourrait-on dire – qu'avec l'ancien.

Ceux-là n'ont pas de mots assez durs pour qualifier la « *trahison* » du président du directoire du Printemps. Trahison que d'avoir lâché à la presse, fin décembre, lors de l'assemblée générale des actionnaires, le montant faramineux de l'endettement du groupe Pinault-Printemps. Ces 20 milliards de francs, dont s'alarmait déjà la note de la banque Arjil. Ces 20 milliards, dont la seule publication a fait chuter le cours de l'action de 5 %. Ces 20 milliards à propos, desquels Jean-Jacques Delort précisait qu'il ne saurait s'agir d'une situation durable, s'invitant – et en prenant ses distances encore – dans ce que François Pinault, déjà à d'autres projets, estimait relever de sa seule responsabilité...

Le 21 décembre 1992, le président du directoire est limogé, le groupe réorganisé. Le Breton lui succède et confie la présidence du conseil de surveillance du groupe à Ambroise Roux, le parrain du monde des affaires, l'homme le mieux à même de rassurer l'establishment et, surtout, des banquiers affolés. Jean-Paul Huchon, l'ancien directeur de cabinet de Michel Rocard à Matignon que les Maus et Jean-Paul Delort avaient appelé à leurs côtés, devient un éphémère directeur général du groupe. Il préférera la politique et en 1998 succédera à la présidence du Conseil régional d'Île-de-France à Michel Giraud, fragilisé par les « affaires ».

Ces remaniements marquent une césure. Avec l'arrivée d'Ambroise Roux à la présidence du conseil de surveillance, l'ancrage du groupe dans la distribution se stabilise. Le vieux parrain du capitalisme français s'en attribuait d'ailleurs très directement la paternité. « *Jusqu'à la reprise du Printemps, François Pinault n'avait pas fixé les contours de sa politique industrielle,* disait-il. *Je lui ai dit : "Maintenant, il faut que tous vos actes montrent que vous vous engagez dans une construction continue, sans aller et retour, et que vous meniez une gestion conforme à celle de l'establishment."* » C'était, en creux, signifier que jusqu'ici, cette gestion ne l'était pas.

En 1993, l'accession à la présidence du directoire de Pierre Blayau, énarque et inspecteur des finances de surcroît, fait entrer Pinault-Printemps-Redoute dans le club fermé des entreprises assises. « *Lisibles* », disent les analystes financiers et les gérants de fonds d'investissements. En quatre ans, la taille du groupe a été multipliée par dix. Son conseil de surveillance, par le jeu des fusions, est devenu l'un des plus huppés de Paris. Les plus grands établissements financiers y sont représentés. « *Le directoire assistait à nos réunions,* se souvient l'un de ses vingt-quatre membres de l'époque. *Pierre Blayau y faisait de brillants exposés alors que François Pinault se faisait généralement très discret, n'intervenant que sur quelques grands sujets.* » Un silence qui ne lui donne que plus de présence et d'autorité.

Pinault, le Lyonnais

« *Les relations que j'entretiens avec le Crédit lyonnais ont toujours été très importantes pour moi. J'ai travaillé avec cette banque depuis la création de ma première entreprise, en 1963 en Bretagne* », déclare en mars 1997 François Pinault dans un entretien au *Figaro* [1]. L'homme d'affaires ne manque

1. *Le Figaro,* 14 mars 1997.

pas d'un certain aplomb. Pas plus que son entreprise n'a été créée en 1963, le Crédit lyonnais n'est véritablement sa banque depuis ses débuts. C'est le 2 janvier 1962, on le sait, que les Établissements François Pinault prennent la succession de la maison de son beau-père, Baptiste Gautier. Et c'est tout naturellement qu'au démarrage il travaille avec le banquier de celui-ci, M. Gérald, le directeur de l'agence rennaise du Comptoir national d'escompte de Paris, ancêtre de la BNP. M. Gérald, à qui le Breton doit ses premiers pas d'entrepreneur...

Ce n'est que fortuitement, et bien des années plus tard, que le Crédit lyonnais entre en scène. Quant au début du quinquennat de Georges Pompidou, l'inflation s'emballe. Maryvonne et François Pinault, qui découvrent les vacances, se délassent sous les cocotiers quand tombe l'encadrement du crédit. Convoqué en urgence à la direction régionale de la banque, Jacques Denis, le directeur général que l'entrepreneur a recruté en 1967, s'entend dire : « *Je suis obligé de réduire vos lignes d'escompte de moitié.* » Une catastrophe pour une entreprise qui se finance essentiellement de cette manière. Mais, confraternel, le banquier envoie son client au Crédit lyonnais. Quand François Pinault apprend l'affaire à l'aéroport où Jacques Denis est venu le chercher, il tranche : « *Désormais, chaque fois que l'on en aura besoin, on fera appel au Lyonnais.* » La BNP vient de perdre des relations privilégiées avec un client d'avenir.

Mais lorsque un quart de siècle plus tard, dans son entretien au *Figaro*, François Pinault ajoute quelques années à une déjà longue et étroite relation avec le Crédit lyonnais, c'est un peu plus qu'une simple approximation. Il entend ainsi clore la polémique lancée par le député RPR Patrick Devedjian. Depuis les bancs de l'Assemblée nationale, celui-ci a accusé l'homme d'affaires breton d'être l'un des acteurs de la déconfiture de la grande banque publique. « *À côté de François Pinault, Bernard Tapie est un amateur* », s'est exclamé le parlementaire avant de spectaculairement se rétracter. Difficile pour un gaulliste, en effet, d'attaquer l'ami de Jacques Chirac.

Dans sa contre-attaque, soigneusement calibrée, le milliardaire entend conforter un triple message. D'abord, légitimer ses relations avec la banque en les rendant les plus anciennes possible. Il insiste donc lourdement : « *Ces relations étaient celles d'un chef d'agence du Crédit lyonnais à Rennes et d'un petit entrepreneur breton doté, pour seul diplôme, de son permis de conduire. À l'époque, ma société employait moins de dix salariés. C'est grâce à la confiance notamment d'un homme, Roger Puchealdou, un Auvergnat, qui m'a accordé les premiers concours que j'ai pu démarrer.* » Le milliardaire enfonce ensuite le clou : « *La première fois que j'ai vu un président du Crédit lyonnais, c'était à la fin des années 1980.* »

Le deuxième volet de la démonstration peut alors se déployer, qui normalise ces relations en les asseyant sur la « confiance ». En trois phrases, le mot revient trois fois : « *Je dois dire que les dirigeants* [de la banque] *m'ont toujours fait confiance. Je ne serais pas à cette place si je n'avais pas obtenu la confiance de ce banquier. N'est-ce pas aussi dans la mission d'un banquier que de savoir faire confiance à un entrepreneur ?* » François Pinault assène enfin sa réplique aux accusations de Patrick Devedjian : « *Contrairement à ce que certains voudraient perfidement insinuer, je tiens à préciser que tous les prêts et tous les concours qui m'ont été accordés par le Crédit lyonnais ont été remboursés en temps et en heure. Je pense pouvoir dire que le Crédit lyonnais a gagné sur la période plusieurs milliards en finançant le développement de mon groupe.* »

Très construite, et très habile, la réponse gomme pourtant le contexte particulier – impossible à reproduire ailleurs – dans lequel se sont développées les relations entre François Pinault et le Crédit lyonnais. Elle efface le risque démesuré pris par la banque publique sur un homme. Elle oublie, encore, que cette véritable fuite en avant ne s'est pas seulement traduite pour l'établissement financier, par des gains, mais aussi par des pertes. Celles, connues, que supportera le Crédit lyonnais en revendant l'immeuble de la CFAO qu'il avait acquis auprès de l'entrepreneur pour consolider sa dette. Celles, indirectes, subies par la banque lorsqu'elle favorisera le désengagement de l'homme d'affaires de l'industrie du bois, en finançant à fonds perdus des repreneurs. Enfin, l'argumentaire de François Pinault occulte une question centrale : le Crédit lyonnais a fait la fortune d'un homme. Pas celle de la collectivité. Groupe tout entier construit par de l'ingénierie financière, l'entreprise n'a rien d'une *start up*, ces petites entreprises assises sur des métiers nouveaux qui deviendront la richesse et l'emploi de demain. Ces *start up* qui, elles, en outre, peinent généralement à obtenir trois francs six sous de leur banquier...

Si l'entretien donné par François Pinault au *Figaro* demeure un grand moment de communication, ses déclarations sont, en revanche, involontairement taillées en pièces par les confidences de ses propres amis. Au début des années 1980, « *j'étais président de la Barclay's en France*, raconte lors de notre entretien, en septembre 1997, un Ambroise Roux satisfait. *Nous étions à l'époque un grand banquier du groupe Pinault. Peut-être le premier. L'un de mes bras droits, Pierre Delalande, s'inquiétait du rythme de développement de ce client, même s'il le fascinait un peu. Je pense que la Barclay's était un peu plus audacieuse que ses concurrentes* ». Jean-Paul Amiel, qui fut le plus fidèle supporter du Breton au Crédit lyonnais, ne se souvient pas du rôle de la filiale de la banque britannique. Mais il est incollable sur les dates : « *Je l'ai rencontré en 1981. À l'époque, il était encore à Rennes et j'étais moi-même responsable du réseau des agences de province. Il était en relation avec deux ou trois banques : la BNP, la Société générale et nous.* » Joint à Villeneuve-lès-Avignon, dans le Vaucluse, où il s'est retiré, le prédécesseur de Jean-Paul Amiel à la tête des agences du Lyonnais en province, Henri de Roubin, confirme d'ailleurs avoir peu fréquenté l'homme d'affaires. On est loin des 35 années de relations privilégiées complaisamment mises en avant.

En revanche, l'attraction mutuelle de François Pinault et du Crédit lyonnais au cours de la décennie 1980 ne doit rien à l'effet du hasard. C'est un choix imposé au premier, ou presque. C'est une politique délibérée du second. À ce moment-là, les banquiers ne portent pas dans leur cœur ces écumeurs de tribunaux de commerce – le Breton en est l'un des plus redoutables – auxquels ils ont dû consentir abandon de créances sur abandon de créances, au nom d'une hypothétique défense de l'emploi. Jean-Paul Amiel n'est pas le seul à se souvenir de cette période où aucun autre banquier ne croyait en Pinault. De la difficulté qu'il avait à financer ses opérations, de l'impossibilité parfois à syndiquer ses crédits. Alors, à l'Institut de développement industriel, Loïc Deraison se rappelle aussi de sa tentative de rapprocher l'homme d'affaires et le Crédit commercial de France : « *J'avais organisé un déjeuner avec Jean-Pierre Langhade, responsable du contentieux au CCF. L'idée était de faire reconnaître les qualités de François Pinault par une banque qui avait une image épouvantable des repreneurs de boîtes en difficulté, des prédateurs à ces yeux, qu'elle ne voulait même pas approcher. Le déjeuner ne l'a pas fait changer d'avis.* »

Même réserve à la banque Lazard, en 1986 encore, quand l'un des associés-gérants interroge : « *Pourquoi ne pas prendre le mandat de François Pinault qui veut récupérer La Chapelle-Darblay ?* » La réponse fuse : « *Surtout pas Chapelle ! Surtout pas Pinault !* » Quatre ans plus tard, la très respectable maison du boulevard Haussmann fera jouer les relations de voisinage de l'un des siens, pour essayer de rattraper l'entrepreneur par la manche. En bordure de forêt de Rambouillet, le château de famille de Christian de Labriffe jouxte la Mormaire, la nouvelle propriété du Breton. « *Christian de Labriffe l'avait aidé à s'installer, contribuant à résoudre des problèmes ancillaires. Notre concurrent Gérard Eskénazi avait le mandat de vente de la Ruche méridionale. Nous l'avons récupéré. Nous étions tout contents que le comte nous amène son voisin de château* », raconte l'un des familiers des couloirs feutrés du boulevard Haussmann. Mais, à balancer entre réserve et attirance pour les bonnes affaires que le dynamisme de François Pinault engendre – les commissions sur ses transactions –, Lazard laisse entre temps l'entrepreneur faire du Crédit lyonnais sa banque chef de file.

Car, à la différence du CCF ou de Lazard, la maison du boulevard des Italiens n'hésite pas. Au milieu des années quatre-vingt, elle se sent d'humeur conquérante. Avec, en 1986, l'arrivée à sa tête de Jean-Maxime Lévêque que la privatisation obsède, elle adopte l'allure de la marche forcée. Comme le raconte son ancien numéro deux, François

Gille, dans L'Engrenage *Crédit lyonnais*[1], « *Jean-Maxime Lévêque répand l'optimisme autour de lui (...). À l'entendre, les provisions – les prélèvements opérés sur les recettes pour combler lespertes creusées par les crédits impayés – constituées sur les pays fortement endettés sont de véritables réserves cachées (...). S'enfonçant dans ce sillage, la communication financière du Crédit lyonnais privatisable va encore plus loin et additionne, sans vergogne, provisions et réserves pour montrer la pleine puissance financière de la banque* ». Jean-Maxime Lévêque se veut le président d'une maison offensive, qui déploie ses ailes, l'homme du réveil en fanfare de cet établissement de crédit. Il veut renouer avec les traditions du fondateur, Henri Germain. Et c'est tout naturellement qu'il en exhume le credo : le Crédit lyonnais doit être la banque des « nouveaux entrepreneurs », de ceux qui feront les grands groupes de demain. Quand, en 1988, Jean-Yves Haberer lui succède après le retour de la gauche au pouvoir, Jean-Maxime Lévêque prend même le soin, inhabituel, de lui présenter certains de ses poulains. Mais ceux-ci sont bien vite rassurés. La succession ne change rien. Au contraire, même. Le cap est renforcé, le nouveau président conceptualisant le tout sous le vocable de « banque-industrie ». Le Crédit lyonnais doit s'attacher la clientèle des entrepreneurs qui bougent, se développent. Les risques pris pour faciliter leur essor trouveront leur récompense dans les commissions que ceux-ci verseront sur chacune des transactions. Attablé dans un restaurant du port de Marseille où il s'est retiré, François Gille en témoigne : « *À l'époque, nous nous glorifiions d'avoir été la banque du groupe Bouygues, de faire Bernard Arnault et François Pinault, d'être celle de Bernard*

1. *L'engrenage Crédit lyonnais : le n° 2 raconte, op. cit.*

Tapie et même de Michel Pelège qui nous a quand même laissé une ardoise de 7 milliards. »

Une nécessité occultée pour François Pinault d'un côté, une politique revendiquée par le Crédit lyonnais de l'autre... Pour que les deux ambitions se rencontrent, il ne manque qu'un catalyseur : « *C'est l'affaire Isoroy qui nous a fait devenir son principal banquier* », tranche Jean-Paul Amiel. Moins connu que son volet industriel, le volet bancaire de ce dossier est avant tout une histoire d'hommes (Jean-Maxime Lévêque, Jean-Pierre Langhade et Jean-Paul Amiel) et de rivalités entre deux établissements financiers (le CCF et le Crédit lyonnais). C'est l'histoire d'un enferrage, d'une habileté manœuvrière, puis de la volonté des responsables de tout faire pour se sortir du piège où ils se sont laissé enfermer.

L'enferrage ? C'est celui de Jean-Maxime Lévêque. Alors qu'il préside le CCF au début des années 1980, le P-DG s'engage dans une aventureuse stratégie de soutien au groupe Nobel-Bozel, propriété de la famille Roussel. Une stratégie qu'il justifie aujourd'hui par le contexte politique et économique d'alors : « *Le chef de la famille Roussel avait fait entrer l'allemand Hœchst dans sa société, Roussel-Uclaf, juste avant de mourir dans un accident d'hélicoptère. Les pouvoirs publics, qui ne voulaient pas voir ce groupe tomber dans le giron d'Hœchst, ont accepté de racheter la participation de la famille, mais à condition que celle-ci prenne le contrôle complet de Nobel-Bozel* ». Un Nobel-Bozel en pleine déconfiture et dont l'une des composantes, Isorel, allait se fondre dans Isoroy.

L'habileté manœuvrière ? C'est celle de Jean-Pierre Langhade, « *véritable génie des affaires* » selon un concurrent, qui réussit à faire riper sur le Crédit lyonnais le rôle désastreux de banque chef de file d'Isoroy, que le CCF occupe depuis son soutien à la famille Roussel. Lorsque Jean-Paul Amiel prend conscience de la duperie, il est trop tard. Il lui faut récupérer ses crédits. « *Son engagement était celui d'un banquier déterminé à tout faire pour sauver sa signature* », poursuit ce concurrent. François Pinault, sur qui il compte pour sortir de ce mauvais pas, marchande durement son aide. Heureusement, sur ce dossier, le directeur a l'oreille de Jean-Maxime Lévêque, qui vient d'abandonner la présidence du CCF pour celle… du Lyonnais. Isoroy ? Il connaît, bien sûr. Et Pinault ? aussi ! « *Depuis 1984 ou 1985* », précise-t-il sobrement en refusant de dire qui a fait les présentations : « *C'était une rencontre purement privée, faite à l'initiative de quelqu'un voulant que je le connaisse.* » Banal rendez-vous d'hommes d'affaires ? Ou prise de contact à l'arrière-plan plus politique ? À l'époque, François Pinault était membre de l'AFEP d'Ambroise Roux et fréquentait assidûment Michel Giraud. Il mettait aussi en place sa longue relation avec Jacques Chirac…

Bien des années après, en janvier 1998, au beau mileu du tourbillon de ses démêlés judiciaires ayant suivi la faillite d'IBSA, le dernier établissement financier qu'il ait dirigé, Jean-Maxime Lévêque retrouve les accents du banquier sûr de lui pour expliquer son appui inconditionnel de l'époque à François Pinault. La voix est à la limite de l'audible, mais le propos est bourré de certitudes. « *Cet entrepreneur avait le courage de reprendre Isoroy,* dit-il, *il fallait l'aider. Mieux valait des conditions dures que de tout perdre. J'ai donc milité pour cette solution auprès des banques, extrêmement hostiles au départ, soit qu'elles aient déjà eu affaire à lui dans le passé, soit que certains de leurs clients les aient mises en garde.* » Dépêché par le Breton, Jean-Pierre Andrevon se fait d'ailleurs proprement jeter de la Société générale. « *J'ai payé de ma personne*, insiste Jean-Maxime Lévêque. *J'ai téléphoné à mes confrères, convaincu tout le monde.* » Les dés sont jetés. Le partenariat étroit entre le Breton et le Lyonnais naît de cet appui-là. Nous sommes à l'été 1986...

Six mois plus tard, Isoroy est redevenu bénéficiaire. François Pinault et, surtout, son bras droit Jean Leprince ont fait éclater le groupe en 17 sociétés indépendantes et opéré un redressement, plus apparent que réel, mais que Jean-Paul Amiel qualifie d'« *extraordinaire. J'étais si admiratif qu'à partir de ce moment-là je me suis dit qu'avec une telle équipe on pouvait pratiquement tout faire* ». Aussi, quand arrive Chapelle-Darblay, l'année suivante, le directeur et son P-DG, Jean-Maxime Lévêque, ne marchandent-ils pas leur aide. « *Il est tout à fait juste de dire que le Crédit lyonnais a soutenu François Pinault dans son affrontement contre le Canadien Bernard Lemaire. Il me semblait que la carte française était la bonne. Le président d'une banque doit penser à assurer l'avenir de son fond de commerce. François Pinault était une étoile montante.* » Mais c'est avec la Compagnie française d'Afrique occidentale, en 1990, que les liens de l'homme d'affaires avec le Crédit lyonnais changent de dimension. Et de nature.

De dimension ? La banque est actionnaire de Pinault SA depuis 1988 et son introduction en Bourse, mais il se trouve qu'elle est aussi un allié historique de la CFAO. Avec la fusion des deux entités, elle se retrouve soudain beaucoup plus exposée. De nature ? Le Breton, qui a conquis Paris, rencontre régulièrement le nouveau président du Lyonnais, Jean-Yves Haberer, en tête à tête. Des entretiens où les deux hommes débattent de conjoncture, le P-DG de la banque passant pour avoir une bonne lecture des taux de change et des politiques monétaires. Des entretiens où le Breton manifeste à tout propos ce que l'ancien président de la banque appelle désormais, en privé, une certaine… « concupiscence » :

« *Qu'est-ce que j'aimerais bien me payer ça*, lance François Pinault dès qu'une entreprise fait l'actualité.

– *À votre avis, ça vaut combien ? Ah, dedans, il y a ça* », poursuit avec gourmandise l'homme d'affaires sans jamais, lui, citer de chiffre.

Pour les affaires courantes, Jean-Paul Amiel, dont la direction des agences de province fusionne avec celle de son homologue parisien sous la responsabilité de Michel Renault, perd un peu de sa marge de manœuvre avant son départ à la retraite. Pour toute l'ingénierie financière, l'interlocuteur régulier du Breton devient Loïc Deraison, recruté en 1987 pour participer à la création de Clinvest, la filiale du Lyonnais chargée des fusions-acquisitions.

Pinault et Deraison ne sont pas des inconnus. Leurs routes se sont croisées. À la fin des années 1970, déjà, à propos d'une petite affaire à Redon, petite affaire dont avait eu à connaître Deraison, alors fonctionnaire à « l'infirmerie » du ministère de l'industrie, le CIASI. En 1982 encore, quand Deraison avait obtenu son premier tête-à-tête avec François Pinault, dans les bureaux de l'avenue Marceau : « *J'étais passé à l'Institut de développement industriel que je cherchais à quitter. Un vieux briscard de la BNP, Jean-Pierre Lacour, homme exceptionnel, fin, caractériel et… invalide de guerre, m'avait convaincu que François Pinault était un type à suivre*, raconte Loïc Deraison, reconverti aujourd'hui dans le conseil.

« *Allez le voir*, lui avait alors enjoint Jean-Pierre Lacour.

– *Pourquoi ?*

– *Il veut acheter une banque !* »

Loïc Deraison avait quitté l'avenue Marceau sur une double impression. François Pinault caressait l'idée d'acheter une banque, mais sans manifester – encore – de vraie volonté. L'entrepreneur, en revanche, était bien un homme à suivre... Aussi, quand Deraison rejoint le Crédit lyonnais et qu'arrive l'affaire Chapelle-Darblay, il mouille sa chemise pour que l'entrepreneur l'emporte. Et quand le Breton guigne Conforama juste après avoir pris le contrôle de la CFAO, il est encore là. Amiel ouvre les crédits. Deraison, lui, fait les montages. La banque du boulevard des Italiens est désormais au cœur du dispositif Pinault. Au point de faire peur à l'entrepreneur ?

Interrogé pour *Les Échos* en mai 1996, c'est-à-dire un an avant sa réponse aux graves accusations de Patrick Devedjian, François Pinault s'était montré moins amène pour le Crédit lyonnais. Et moins reconnaissant. Direct, et sans doute plus proche de sa véritable pensée, l'homme d'affaires avait laissé tomber, pour qualifier ses relations avec sa banque, comme une évidence : « J'*ai une attitude ferme, comme il faut l'avoir avec ses fournisseurs quand l'intérêt de l'entreprise entre en jeu.* » Une attitude ferme. Un fournisseur. C'est à l'aune de ce rapport de force qu'il faut analyser les liens du Breton et de sa banque qui changent encore une fois, radicalement de nature en 1992.

1992... C'est l'année de toutes les tensions pour François Pinault comme pour son établissement de crédit. L'un comme l'autre sont sur le fil extrême du rasoir. L'un comme l'autre ne veulent rien en laisser paraître. Mais, à ce jeu, les nerfs du Breton vont se révéler plus solides. L'homme d'affaires vient de jouer à quitte ou double l'avenir de son groupe, portant son endettement au montant, faramineux de 20 milliards de francs. Sa position est périlleuse, celle de sa banque aussi. Le Crédit lyonnais, qui se proclame encore l'établissement financier le plus puissant d'Europe, prend eau de toutes parts. Les déconfitures s'accumulent et commencent à nourrir de gigantesques foyers de pertes. Aux États-Unis, avec la désastreuse aventure hollywoodienne – Jean-Maxime Lévêque voulait faire de sa maison la banque du cinéma –, ou encore, en France, avec l'effondrement du marché immobilier dont le Lyonnais s'était fait une spécialité. La panique saisit le boulevard des Italiens. L'établissement doit à tout prix éviter d'autres sinistres. Pour se sauver, il va se mettre dans la main de son client le plus endetté.

Psychologiquement prêt à accepter beaucoup, le « fournisseur » Crédit lyonnais négocie en position de faiblesse l'aménagement de ses liens avec le « client » François Pinault. L'établissement financier doit rapidement gagner de l'argent. Mais il lui faut passer sous les fourches caudines de la « fermeté » du Breton. Et tout se passe comme si la banque acceptait de troquer le pouvoir qu'elle peut légitimement revendiquer dans un groupe qui lui doit beaucoup et dont elle est actionnaire, contre l'assurance d'un rendement garanti pour ses investissements. L'étude de la banque Arjil, évoquée précédemment [1], pointait du doigt cet effacement du Lyonnais. La transformation de la Financière Pinault en une société verrouillée par une commandite ? « *L'entrepreneur a tout le pouvoir* », reconnaît, avec l'évidence de la chose acceptée, Loïc Deraison. La place du président de la banque dans Pinault Trustee réduite à une simple figuration *intuitu personae* ? Elle n'est pas jugée cho-

1. Voir chapitre Pinault Trustee.

quante par Jean-Yves Haberer qui renvoit Pinault Trustee à un simple collège de « sages » sur un modèle anglo-saxon. Et c'est bien comme cela que l'a toujours envisagé François Pinault.

Le Crédit lyonnais paraît concentrer tous ses efforts sur la rémunération du milliard de francs apporté à l'homme d'affaires en septembre 1992 pour l'aider à s'emparer du Printemps. Milliard qui vaut à la banque de prendre 20 % environ du capital de la Financière Pinault (auxquels s'ajoutent, selon nos informations, 5 % détenus via des fonds domiciliés aux Bermudes). « *Il fallait assurer l'assise du nouveau groupe Pinault-Printemps en veillant à ce que son principal actionnaire, la Financière, soit solvable* », explique Loïc Deraison. Qu'obtient le Lyonnais en échange ?

Là, les points de vue divergent. L'équipe Haberer rappelle d'abord les bénéfices apportés par la fidélisation du « client » François Pinault. « *L'aider à se développer, c'était un moyen de gagner des commissions sur ses transactions* », souligne ainsi Loïc Deraison en avançant le chiffre – difficile à croire – de 2 milliards de francs pour la seule filiale Clinvest dont il s'occupait. Surtout, cette ancienne équipe énumère avec satisfaction les engagements qu'aurait souscrits le Breton en échange des capitaux apportés. Pêle-mêle : deux postes d'administrateur à la Financière Pinault ; l'obligation de faire remonter à ce holding, les profits du groupe et d'en redistribuer 80 %. La banque se serait aussi assuré que l'addition des dividendes et des commissions qui lui sont versées représente l'équivalent d'un taux d'intérêt de 8 % l'an. « *Ce qui était, à l'époque, le taux du marché obligataire plus un* », complète un autre responsable du Lyonnais. S'y ajouteraient trois précautions supplémentaires : un comité stratégique ; un droit de veto sur tout nouvel endettement ; un droit de préemption réciproque. Enfin, Financière Pinault se voit interdire tout acte de gestion étranger à sa raison sociale. « *Il s'agissait cette fois d'éviter que cette société, cellule secrète de l'homme d'affaires, ne finance son train de vie,* ajoute avec un rien de vacherie ce responsable. *À lui de se débrouiller avec d'autres holdings !* »

Des garanties ? Il y en avait vraiment peu, si l'on en croit Henri Filho, alors contrôleur général de la filiale du Lyonnais, Clinvest : « *Notre investissement d'un milliard de francs s'accompagnait de l'engagement de François Pinault de procéder à une redistribution significative de dividendes. Le reste n'était qu'une disposition vague sur un volume de commissions. Quant au taux de 8 % garanti, je n'en ai jamais entendu parler.* »

Plus restrictif encore, Dominique Bazy, qui fut le numéro deux de la banque sous Jean Peyrelevade avant de rejoindre le monde de l'assurance, précise : « *La Financière Pinault avait pour tout revenu les dividendes que lui versaient les autres sociétés du groupe. Or, celles-ci utilisaient l'essentiel de leurs ressources pour couvrir la charge de la dette.* » Et si, selon lui, les dividendes versés étaient faibles, les commissions l'étaient plus encore : « *En 1993 et 1994, il y a eu très peu d'opérations justifiant de tels versements puisque François Pinault et la banque étaient en guerre sur le dossier de la Fnac. Les participations du Lyonnais dans le groupe Pinault,* poursuit-il, *représentaient 4 milliards de francs au bilan. Elles ne rapportaient pas plus de 20 millions par an.* » Et, pour enfoncer le clou, il souligne à deux reprises au cours de l'entretien qu'il nous accorde que « *le coût du portage de ces participations s'élevait à 200 ou 300 millions de francs par an* ». Difficile d'être plus sévère.

Pourtant, plus tard, les appréciations sur les responsabilités de chacun seront plus partagées. Si beaucoup accableront la gestion de Jean-Yves Haberer, plusieurs responsables ayant eu accès au dossier mettront aussi en cause les décisions prises sous le règne de son successeur au moment où le milliardaire faisait son entrée au conseil d'administration du Crédit lyonnais. Au moment où Alain Minc était à la fois le conseil du magnat et l'ami du P-DG de la banque, Jean Peyrelevade. De nouvelles fautes, disent-ils, ont été commises le 27 octobre 1994 : ce jour-là, le conseil d'administration du Crédit lyonnais entérine la cession à l'entrepreneur, pour 1,5 milliard de francs, des 25 % détenus par la banque dans Financière Pinault. « *En contrepartie*, précise le procès-verbal de la réunion, *Clinvest* [la filiale banque d'affaires] *souscrira à une émission d'obligations Financière Pinault permettant d'assurer la totalité du financement de ce rachat.* » Ces obligations devaient produire un taux annuel à nouveau fixé à 8 %, chiffre décidément magique dans cette affaire. Pour ces proches du dossier, les maigres garanties négociées en 1992 avaient le mérite d'exister. L'opération de 1994, réalisée dans la précipitation et dans un rapport de force encore plus défavorable pour un Lyonnais exangue, les a fait tomber. Sans offrir de meilleur rendement et pour un montant – 1,5 milliard de francs – pas cher payé pour un prêt qui n'aura rien apporté au Lyonnais.

Qu'en conclure ? Que les erreurs aient été commises sous le mandat de Jean-Yves Haberer, sous celui de Jean Peyrelevade, ou les deux, ne changent rien au fait qu'*in fine* les intérêts du Crédit lyonnais ont pesé peu, face à ceux de François Pinault. Que la banque a pris des risques considérables pour s'attacher la clientèle du milliardaire, sans qu'aujourd'hui elle en voit le retour. « *J'ai beaucoup contribué à dévier le groupe Pinault-Printemps-Redoute vers la Société générale* », soulignait Ambroise Roux, lorsqu'il était président du conseil de surveillance de PPR, en se félicitant d'avoir ainsi contribué à mettre fin au tête-à-tête exclusif avec le Crédit lyonnais. Quant aux holdings du milliardaire, ils travaillent beaucoup désormais avec l'établissement financier néerlandais ABN-Amro. C'est avoir fait beaucoup d'efforts pour peu de résultats. François Pinault aime à dire qu'il a « *fait gagner beaucoup d'argent au Lyonnais* ». Les faits montrent que non. La conclusion, c'est Dominique Bazy qui la donne : « *Si, au final, Pinault pour le Crédit lyonnais a été une opération convenable, le risque pris, lui, ne l'était pas.* »

La naissance d'Artémis

Ils sont cinq autour de la table. Nous sommes à l'été 1992 et de discrets dîners réunissent, certains dimanches soir, trois dirigeants du Crédit lyonnais avec deux des principaux associés-gérants de la banque Lazard. Jean-Yves Haberer, François Gille et Jean-François Hénin échafaudent, avec David Dautresme et Bruno Roger, de fort compliqués montages financiers. En mai 1991, Altus, la filiale du Lyonnais que dirige Hénin, a mis la main sur l'énorme portefeuille de *junk bonds* – des obligations décotées – de l'assureur américain Executive Life [1]. Avec la reprise qui se dessine outre-Atlantique, la moisson pourrait être bonne...

1. Ce rachat est aujourd'hui contesté par l'État de Californie dont le commissaire aux assurances a porté plainte pour fraude devant un tribunal de Los Angeles.

s'il n'y avait le Banking Act de 1929 qui interdit, aux États-Unis, à une banque commerciale ou à l'une de ses filiales de détenir directement des participations supérieures à 25 % (sans droit de vote) ou à 5 % (avec droit de vote) dans des entreprises industrielles ou commerciales.

Voilà le Crédit lyonnais sommé de choisir entre son agence new-yorkaise, la plus rentable du groupe, et le portefeuille de *junk bonds*. Mais c'est une autre voie qu'Haberer, son P-DG, demande à Lazard d'explorer. Celle d'une énorme augmentation de capital d'Altus – on parle de 20 milliards de francs –, par apports d'actifs, qui diluerait la position du Lyonnais. Qui solliciter pour cette opération ? Les convives songent à la famille Pritzker qui se dit prête à apporter ses hôtels Hyatt. Ou à Thomson-CSF, historiquement proche d'Altus, qui pourrait mettre au pot ses usines d'électronique militaire. Ou encore au groupe immobilier Vaturi, très lié au Lyonnais… « *Bref*, résume Loïc Deraison, *Altus devenait un monstre ingérable, mais pouvait conserver dans ses livres le portefeuille d'Executive Life. Intéressant, mais difficile.* »

François Pinault, aussi, est contacté. Les dirigeants de la banque lui suggèrent d'apporter à l'opération Altus l'ensemble des actifs immobiliers du Printemps. Un matin, l'entrepreneur appelle : « *J'ai réfléchi. Je peux vous aider. Je suis prêt à jouer seul.* » Renouant avec le flair qui lui avait permis de s'enrichir en spéculant sur le cours du sucre, le Breton décide d'apporter tout son groupe, et pas seulement l'immobilier, à une structure nouvelle qu'il baptise Artémis, du nom de la déesse de la Lune, la fille de Zeus. « *Mais en contrepartie*, précise-t-il à Loïc Deraison, *le Crédit lyonnais me finance l'acquisition des junk bonds.* » Il y en a pour 1,5 ou

1,6 milliard de dollars ! Le dirigeant de Clinvest, la filiale banque d'affaires du Crédit lyonnais, fonce dans le bureau de Jean-Yves Haberer.

« *Qu'en pensez-vous ?*

– *On n'a pas le choix. On n'a plus le temps* », répond le P-DG.

Pas le choix ? Plus le temps ? En cette fin d'année 1992, les dirigeants du Crédit lyonnais sont aux abois. De toutes parts, leur parviennent des nouvelles alarmantes : cinéma, promotion immobilière, PME en difficulté, pour ne rien dire de la filiale International Bankers SA en liquidation. D'énormes pertes s'annoncent que la banque entend encore masquer par des plus-values comptables. Commence, alors, un mois de négociations d'arrache-pied pour qu'au 31 décembre, dernier jour de son exercice fiscal 1992, le Lyonnais ait vendu ses fameux *junk bonds*, quitte à financer entièrement leur achat.

Subtil, le montage fait appel à toutes les ressources de l'ingénierie bancaire. Financière Pinault, le holding patrimonial de l'homme d'affaires, apporte toutes ses actions Pinault-Printemps, à Artémis, la nouvelle structure, et reçoit en échange 75 % du capital de cette dernière. Le Crédit lyonnais fait de même avec les actions qu'il détenait dans le groupe Pinault depuis l'introduction en Bourse de ce dernier. En contrepartie, la banque reçoit le solde du capital d'Artémis (25 %). Enfin, cette dernière société se voit octroyer, dans la foulée, le prêt nécessaire aux rachats des fameux *junk bonds* qui ont fait la fortune américaine du Breton.

Sur le coup, les bénéfices que le Crédit lyonnais retire de l'opération ne sont pas minces. « *Certes, il devenait un actionnaire passif d'Artémis,* reconnaît Loïc Deraison. *Mais, en échange, il tournait l'obstacle du Banking Act et faisait une double plus-value : la première, de 1 milliard de francs sur la revente des junk bonds à leur valeur de marché ; la seconde, de 300 millions sur la cession de ses titres Pinault-Printemps. Enfin, il restait associé à la gestion du portefeuille d'obligations américaines grâce à sa participation dans Artémis.* » Grâce à quoi, la perte du Lyonnais en 1992 est contenue.

Mais si les plus-values sont immédiates, les avantages à long terme sont plus discutables. En tout cas, plus discutés. Comme pour la Financière Pinault, ils font l'objet de polémiques. À nouveau, les successeurs de l'équipe Haberer accusent. « *Les milliards de crédits consentis par Altus pour les junk bonds, comme les 690 millions qui seront plus tard nécessaires au rachat du vignoble Château-Latour par Artémis, ont été consentis sans aucune garantie* », assure Dominique Bazy. La participation du Crédit lyonnais fera l'objet en tout cas, et bien des années plus tard, d'un incroyable bras de fer entre l'homme d'affaires et l'État. Entre-temps, Artémis est devenu le principal holding du milliardaire.

Qui se cache derrière FPI ?

« *Monsieur le juge,*

Comme vous m'y avez autorisé, j'ai interrogé Henri Filho sur l'actionnariat de Forest Products International (FPI). Il me confirme que, pour lui comme pour moi, cette structure n'a rien à voir avec le Crédit lyonnais mais est une structure internatio-

nale propre au groupe Pinault. L'intervention de CLN Oyens Trust [une filiale du Lyonnais] *ne contredit en rien cette analyse, au contraire. Il ne peut s'agir, en effet, que d'une intervention à titre fiduciaire, pour compte de tiers* [pour le compte des véritables propriétaires ne souhaitant pas apparaître. *[N.d.l.R]. Pour autant que M. Haberer n'ait pas pu vous apporter des informations plus précises, je pense que la personne la mieux placée pour répondre à vos interrogations serait M. Pinault lui-même.*

Veuillez agréer, Monsieur le juge, l'expression de mes sentiments les plus respectueux. »

La lettre est signée François Gille, l'ancien numéro deux du Crédit lyonnais. Elle a été adressée le 10 novembre 1998 à Jean-Pierre Zanoto, juge d'instruction au tribunal de grande instance de Paris, en charge de l'ensemble des enquêtes portant sur le scandale du Crédit lyonnais. François Gille explique : « *le juge, comme la brigade financière, était persuadé, lorsque j'ai été interrogé, que Forest Products International était une filiale cachée, non consolidée, de la banque pour en falsifier les comptes* ». La méprise est venue du Breton lui-même, poursuit l'ancien numéro deux du Lyonnais, « *qui avait déclaré, lors d'une audition à la Commission des opérations de Bourse, la COB, que cette société de droit néerlandais appartenait à la banque* ».

C'est en effet à l'automne 1988, neuf ans après sa création, que le nom de Forest Products International apparaît au grand jour, lors de l'entrée en Bourse du groupe Pinault. La notice d'introduction précise que FPI détiendra 28,30 % du capital de Pinault SA après cette mise sur le marché financier. Et à l'époque, tout le monde est persuadé que

Forest, société de droit néerlandais, appartient bien au Lyonnais : dans un article relatant l'entrée en Bourse, le quotidien économique *Les Échos* additionne naturellement la participation de FPI à celle (5,6 %) de Clinvest, une filiale bien réelle de la banque, celle-là, pour en conclure que l'établissement financier détient près de 34 % du capital du groupe familial [1].

Avec le recul, Loïc Deraison, l'ancien directeur général de Clinvest, explique les déclarations du milliardaire devant la COB, en avançant qu'à l'époque « *cela a sans doute été une structure de portage créée par le Lyonnais. Mais cela a été régularisé en 1988. François Pinault avait l'argent. Depuis, c'est lui. Les initiales ne sont-elles pas transparentes ?* » conclut-il avant d'envisager, peut-être, que l'ami américain du milliardaire, John J. Ryan, en soit aussi actionnaire. Autre ancien du Crédit lyonnais, Dominique Bazy se fait plus évasif : « *Je ne sais pas qui est derrière FPI.* »

Interrogé début 1999, l'entourage de François Pinault se contente de préciser que Forest Products International est contrôlé par son partenaire John J. Ryan, mais sans pouvoir en préciser l'actionnariat. C'est en tout cas le rôle joué par ce dernier dans FPI qui justifie sa présence au conseil de surveillance de Financière Pinault ainsi qu'au conseil d'administration d'Artémis.

Des banques de données internationales précisent, elles, que Forest Products International est une société privée à responsabilité limitée, au capital de 500 000 florins (un peu plus de 1,5 million de francs). Ce holding, enregistré

1. « Pinault SA le 25 octobre au Second Marché », *Les Échos,* 13 octobre 1988.

sous le numéro de code 6711 6211 5031 et disposant de deux adresses à Amsterdam (Leidesplein, 29 et Nachtwachtlaan, 20), a aussi deux raisons sociales : agent de change et grossiste en charpente et contreplaqués. Son directoire est composé d'une personne physique, l'énigmatique John J. Ryan, et d'une autre société privée à responsabilité limitée, Intra Beheer BV, créée en 1973 et domiciliée, elle aussi, au 29 de la rue Leidesplein, à Amsterdam... Appelé à son bureau de Genève, à une dizaine de reprises, John J. Ryan a annulé in extremis le rendez-vous qu'il nous avait donné à son hôtel parisien, à la veille d'une réunion au siège d'Artémis à laquelle il devait participer...

Qui se cache derrière FPI ? Pas le Crédit lyonnais, donc. Alors, François Pinault ? John J. Ryan ? Les deux, peut-être.

Pinault, retour de manivelle

Elles sont deux... Deux à pouvoir jouer aujourd'hui les trouble-fête. Deux femmes, susceptibles d'écorner l'image d'entrepreneur exceptionnel, hors normes, que l'entourage de François Pinault polit désormais avec un soin chaque jour plus marqué : Colette Neuville, présidente de l'Adam, l'Association de défense pour les actionnaires minoritaires, et Eva Joly, juge d'instruction. Et c'est la ténacité de la première, conjuguée à l'action de la Commission des opérations de Bourse, la COB, qui devrait conduire la seconde à s'intéresser aux méthodes du groupe du milliardaire, ainsi qu'aux agissements de sa banque, le Crédit lyonnais, peu avant la retentissante faillite le 28 février 1996 d'une petite société auvergnate, Dapta-Mallinjoud.

Déposée, en 1997, la plainte avec constitution de partie civile de Colette Neuville ne vise pourtant, directement, ni François Pinault, ni même l'une de ses innombrables sociétés. Elle s'en prend nommément au géant international de l'audit KPMG et à ses commissaires aux comptes, que le texte de la plainte accuse d'avoir diffusé des informations « *trompeuses* » et « *mensongères* » et d'avoir certifié des comptes inexacts, trois années durant, lors de la publication des résultats annuels de Dapta-Mallinjoud.

La présidente de l'Adam appuie sa démarche sur une enquête de la Commission des opérations de Bourse, qui, après des mois d'investigations et d'auditions, a donné lieu à un rapport – un réquisitoire, devrait-on dire – que le gendarme de la bourse a transmis à la justice le 4 mars 1997. « *Certains éléments*, est-il écrit, *apparaissent susceptibles de qualification pénale, notamment pour banqueroute (emploi de moyens ruineux pour se procurer des fonds), de comptes annuels non sincères, d'escroquerie avec appel public à l'épargne.* » En juillet 1993, Dapta-Mallinjoud avait en effet lancé un emprunt obligataire de 245 millions de francs sur la foi de comptes inexacts, trente mois à peine avant sa mise en liquidation judiciaire. Ce sont ces événements qui ont déclenché l'enquête de la COB. Ce sont eux qui ont conduit Colette Neuville, représentante des malheureux porteurs de titres obligataires, à se porter en justice.

A priori, donc, rien de tout cela ne concerne le groupe de François Pinault. Mais, en réalité, tout en part et tout y ramène. Les hommes, les sociétés, les fautes de gestion, le rôle même du Crédit lyonnais... Tout commence, en effet, avec la cession le 5 mai 1992 par le groupe Pinault SA, nouvellement propriétaire du Printemps, de ses activités dans le meuble de cuisine et le mobilier pour collectivités. L'acquéreur, Dapta-Mallinjoud, est contrôlé par deux anciens collaborateurs de François Pinault, Bernard Roques et Claude Caplan, qui furent respectivement secrétaire général et directeur juridique du groupe. Deux de ses anciens bretteurs, pourrait-on dire, puisqu'ils ont ferraillé à ses côtés, tout au long des rudes années de chasse aux entreprises de bois en difficulté.

À l'époque, Bernard Roques et Claude Caplan sont d'autant plus proches du milliardaire qu'ils ne se sont mis à leur compte, dans l'industrie, que deux années auparavant. Et qu'ils l'ont fait avec l'appui de leur ancien patron. Volontiers bravache, Bernard Roques s'en vante auprès de Pierre Plancher, un concurrent savoyard de Dapta-Mallinjoud, qui l'interroge pour son journal local, *Le Petit Faucigny :* « *On a recherché une première boîte à reprendre et monté notre tour de table avec le Crédit lyonnais, la Sodecco, la banque du Phénix et la charge d'agent de change Oddo. Tous des copains ! Sans oublier François Pinault qui nous a apporté une somme symbolique, mais son parrainage* », s'enthousiasme-t-il. Un capital de 30 millions de francs est réuni, des holdings en cascade constitués. « *Nous sommes partis la fleur au fusil. C'est la grande époque de l'effet de levier* [1] ».

Mais quand l'entrepreneur breton décide de vendre son pôle meuble, le morceau est gros. Gourmand, François Pinault réclame, pour des activités ne dépassant pas 1,2 milliard de chiffre d'affaires, près d'un milliard de francs : 835 millions de prix de cession, auquel s'ajoutent 126 autres millions de remboursement de compte courant.

1. « Léo et ses dompteurs », *Le Petit Faucigny.*

Bernard Roques et Claude Caplan n'en ont pas le premier franc. Le Crédit lyonnais, pour l'essentiel, et la banque du Phénix alors filiale des AGF, pour le solde, leur avancent l'argent. Les yeux fermés. Aucun audit comptable des sociétés rachetées n'est demandé. Ni par les acheteurs – avec leur ancien patron, François Pinault, ils confieront plus tard s'être sentis en « *relations de confiance* » –, ni par les établissements financiers. Passe encore pour Roques et Caplan. Mais que penser d'une grande banque et d'une compagnie d'assurance nationalisées qui avancent sans garantie près d'un milliard de francs à deux baroudeurs à leur compte depuis deux ans, et dirigeant une petite affaire montée de bric et de broc ? Comment concevoir que des établissements publics, riches d'une armada de juristes et d'analystes financiers, octroient un milliard à un capharnaüm qui n'atteint pas les 500 millions de chiffre d'affaires, sans s'assurer de la réalité du gage du prêt, c'est-à-dire de la valeur des sociétés que Dapta s'apprête à racheter ?

Cette précaution de bon sens n'aurait pas été superflue. Car la déconfiture de Dapta-Mallinjoud, puis sa liquidation, rejaillit sur tout le monde. Elle met à mal, bien sûr, la réputation du groupe d'audit KPMG dont on découvre, aux détours des procédures, la légèreté avec laquelle certains comptes inexacts ont pu être certifiés – dans son rapport, le chef du service de l'inspection de la COB, Jean-Pierre Michau, va jusqu'à qualifier le travail de la branche rennaise de la multinationale de l'audit de « *revue des comptes (...) extrêmement superficielle* ». C'est tout dire.

Mais c'est aussi, pour le groupe Pinault, l'occasion d'une sévère mise en cause. Car les comptes de Dapta-Mallinjoud ne sont pas faux par hasard. Ils le sont parce que ceux de sa filiale, Lafa, le sont. Or, Lafa n'est autre que la principale entreprise du pôle meuble que le milliardaire vient de céder à ses deux anciens cadres dirigeants. Et quand Bernard Roques et Claude Caplan en tirent la conséquence en se retournant contre leur vendeur, l'expert qui va s'employer à faire la lumière sur ces dérapages dresse un constat accablant. D'emblée, il chiffre à 110 millions de francs les « *graves irrégularités* » commises avant la cession de Lafa par le groupe Pinault : écarts injustifiés sur les stocks, surévaluation des comptes-clients, minoration des comptes-fournisseurs, non-provisionnement de ristournes. La liste n'est pas close...

Plus accusateur encore, cet expert conclut que « *les erreurs constatées étaient décelables* », qu'elles ont été « *commises volontairement* », que certains collaborateurs du groupe Pinault – Hervé Guillaume, le P-DG du pôle meuble, et M. Loustaunau, celui de Lafa – « *connaissaient à la date de la vente les majorations injustifiées de stocks* ». Il ne sera jamais contredit.

Et lorsqu'un tribunal arbitral désigné par les deux parties et présidé par Guy Canivet, conseiller à la Cour de cassation, tirera les conclusions des travaux de l'expert, il rendra un jugement sans appel. Sa sentence du 24 avril 1995 conclut au dol, c'est-à-dire à la faute délictuelle. Elle impose au groupe Pinault-Printemps-Redoute (PPR), nouvellement constitué, de verser 100 millions de francs à Dapta-Mallinjoud avant toute estimation définitive du préjudice.

Car, au fil des mois, celui-ci grossit toujours. Les chiffres de 300, voire 400 millions de francs sont même avancés, quand les parties se mettent brusquement d'accord le 6 juin 1995. PPR y trouve son compte, satisfait que le montant du dédommagement y soit arrêté à 220 millions de francs... seulement. Bernard Roques aussi, pressé d'obtenir l'indemnisation qui lui permettra de clore les comptes de Dapta-Mallinjoud et de tenir une assemblée générale des actionnaires avant la date légale du 30 juin.

Normalement, l'affaire aurait dû s'arrêter là. L'usage arbitral le veut. Et si indélicatesses il y avait eu, elles étaient judiciairement prescrites. « *Nous avons eu un défaut de contrôle et un grave contentieux. Nous en avons payé le prix et avons versé une indemnité. Les dirigeants de Dapta-Mallinjoud ont signé. Le différent est clos,* assure du reste Serge Weinberg, président du directoire de PPR depuis juillet 1995. *On ne saurait d'ailleurs généraliser,* poursuit-il. *Entre 1990 et 1995, le groupe a cédé pour 9,7 milliards de francs d'actifs. Les ajustements de prix de cession, après réexamen des comptes, ont représenté 4 % du total, 1,7 % sans Lafa. Cette dernière société représente les deux tiers des contentieux. Sans elle, on retombe sur un pourcentage tout à fait habituel.* » Pour clore son argumentaire de défense, Serge Weinberg rappelle qu'à son initiative PPR a assigné le 5 mai 1995 l'auditeur des comptes, KPMG, devant le tribunal de commerce de Nanterre. Une assignation qui s'est aussi achevée par une transaction : le groupe d'audit a versé 18 millions de francs à son client. L'équivalent de deux années d'honoraires.

Difficile pourtant de souscrire totalement à l'analyse développée par le groupe PPR d'aujourd'hui, assagi, désendetté, installé parmi les valeurs vedettes de la Bourse. Anobli en quelque sorte. En 1992 – la précision est importante –, la plupart des cessions effectuées par le groupe donnent lieu à contentieux. Au sein du pôle meuble cédé à Dapta-Mallinjoud, deux autres entreprises – Arthur Bonnet et la Société des cuisines Pinault – font aussi l'objet de litiges. Le rapport de la COB apprend ainsi que le groupe

Pinault a dû verser 30 millions de francs à Roques et Caplan, à la suite d'« *irrégularités comptables* » et du « *non-respect de la garantie de résultat* ».

Mais ce n'est pas tout. La vente, le 10 août 1992, d'Isoroy au groupe allemand Glunz pour 950 millions de francs donne aussi lieu à contestation. Soigneusment tenu secret, ce contentieux a été arbitré, selon nos informations, par un tribunal présidé par un avocat et notaire suisse, demeurant à Bâle, Me Werner Wenger, sous l'égide de la Chambre de commerce franco-allemande de Paris. Défendu par Me Manfred Wietek, le groupe d'outre-Rhin a obtenu un premier dédommagement de 71 millions de francs. Il vient d'introduire une seconde demande d'arbitrage sur l'état des sites industriels d'Isoroy. Enfin, la vente le mois suivant d'Ordo, cinquième producteur français de meubles de bureau, à l'américain Haworth pour 350 millions de francs est, elle aussi, à l'origine d'une contestation et d'une sentence arbitrale.

Tant de litiges intriguent. Et leur simultanéité, plus encore. Peut-être leur origine se trouve-t-elle dans la vulnérabilité financière du groupe Pinault en 1992. Cette année-là, après les acquisitions successives de la CFAO, de Conforama et du Printemps, le groupe du Breton est, on le sait, surendetté. La communauté financière s'inquiète. C'est l'époque où la banque Arjil fait travailler ses équipes pour répondre aux interrogations de quelques grands clients. C'est aussi le moment où Jean-Yves Haberer, P-DG du Crédit lyonnais, restructure son entreprise, fusionnant ses directions de Paris et de la province en un réseau France. Jean-Paul Amiel – l'homme de François Pinault à la banque – perd de son influence. Certains dossiers importants sont transférés à la direction des grandes entreprises. Sylvain

Carnot, qui succède à Michel Gallot à la tête de cette dernière, n'a pas pour l'homme d'affaires la même fascination que son collègue responsable de la province. Fin 1992, le nouveau directeur des grandes entreprises fait part à François Gille, numéro deux de l'établissement financier du boulevard des Italiens, de ses craintes sur le « risque » Pinault, et lui demande d'arrêter le nouveau prêt de 10 milliards de francs que la banque s'apprête à débloquer.

L'inquiétude taraude. « *À l'époque, François Pinault lui-même était mort de peur*, assure Jean Cohen-Scali, commissaire aux comptes du groupe Pinault, licencié par KPMG à la suite de l'affaire Dapta-Mallinjoud. *Il appelait un par un ses fournisseurs pour réviser à la baisse le prix de leurs prestations. À Bernard Brochand qui avait en charge le budget publicitaire, il a demandé de diminuer le coût de ses services de moitié.* » Mais ces petites économies ne suffisent pas. Il faut des mesures plus drastiques : vendre des actifs et les vendre chers. Pour François Pinault, « *la problématique est alors simple : se désendetter (...) et fusionner avec le Printemps (...). C'est dans ce contexte qu'il faut vendre le plus rapidement possible les sociétés de fabrication de meuble à des prix qui ne soient pas en contradiction avec une parité de fusion destinée à garder la majorité de contrôle* », a expliqué Jean Cohen-Scali à la COB, le 8 juillet 1997, alors qu'il était interrogé sur la certification des comptes inexacts.

Lafa, Isoroy, Ordo... Y a-t-il eu volonté délibérée du groupe de gonfler la valeur de ces sociétés ? Tout en se défendant de toute action ou même intention délictuelle, Hervé Guillaume le reconnaît d'une certaine façon : « *Une fois introduit en Bourse*, dit aujourd'hui celui qui fut le bras droit de François Pinault, *le groupe a cherché à optimiser son bilan. Cela ne voulait pas dire que l'on ne respectait pas les règles comptables généralement admises. Mais on prenait systématiquement la solution la plus optimiste. Les stocks, on peut les valoriser à 90, 100 ou 110. La seule obligation est de dire comment on le fait. François Pinault avait besoin de sortir du résultat. Mais on le disait.* » Dans son rapport sur l'affaire Dapta-Mallinjoud, la COB reprend cette idée, mais sans la creuser.

Jean-Paul Amiel, sous l'égide duquel a été prêté par le Crédit lyonnais le fameux milliard, a-t-il apporté un concours complaisant à la manœuvre ? C'est ce que croit Colette Neuville : « *Le groupe Pinault était le plus gros risque de la banque. Celle-ci a préféré transférer une partie de son gros risque sur un petit, Dapta-Mallinjoud, d'autant qu'une partie de ce petit risque devait, elle-même, être rapidement transférée sur le marché, via l'émission d'obligations convertibles.* » Lorsqu'il a débloqué le prêt, Jean-Paul Amiel ne pouvait en effet ignorer que, cinq semaines plus tard, à peine, l'assemblée générale de Dapta-Mallinjoud serait amenée à autoriser la fameuse émission d'obligations. Puis, lorsque la surévaluation des comptes de Lafa devient patente, le Crédit lyonnais se prête de nouveau à une curieuse opération : le 30 décembre 1993, le groupe Dapta, qui prend conscience des pertes de Lafa, fait apparaître une créance litigieuse de 120 millions de francs sur le groupe Pinault. Cette créance, que le groupe Pinault refuse alors de reconnaître, est aussitôt cédée à Roques et Caplan, qui la règlent immédiatement grâce… à un prêt personnel de 120 millions consenti par le Lyonnais. Le protocole, qui entérine la transaction, souligne que ce financement original permet à la banque de « *ne pas être suspecte d'un soutien abusif de crédit* ». Ni vu ni connu, pour un exercice encore, les besoins de trésorerie de Dapta-Mallinjoud sont masqués, et les comptes, « nettoyés ».

A priori, pourtant, ce ne sont pas ces faits qui pourraient conduire Eva Joly à s'intéresser au groupe du milliardaire. Des événements remontant à 1992 et 1993 sont en effet, théoriquement, prescrits. C'est donc l'un des derniers actes de cette invraisemblable histoire à tiroirs qui pourrait intéresser la juge d'instruction : le protocole de transaction qui solde, le 6 juin 1995, pour 220 millions de francs, le différend entre Bernard Roques et Claude Caplan d'une part et le groupe Pinault d'autre part n'est, lui, pas prescrit lors du dépôt de la plainte de Colette Neuville. Or, son examen minutieux a de quoi rendre perplexe. Qu'y voit-on ? Que, sur 220 millions, 120 seulement sont effectivement payés par le groupe PPR. Cent vingt qui servent à Roques et Caplan à rembourser le Crédit lyonnais de son... avance. Le reste est aussitôt réutilisé par les deux hommes pour racheter à PPR les actions que celui-ci détient encore dans des sociétés du groupe Dapta-Mallinjoud. Les deux parties soldent, en quelque sorte, le coup de main du démarrage et les liens croisés qu'ils entretenaient depuis.

« *Cette transaction a ceci de particulier*, s'indigne Colette Neuville, *que pas un centime n'est revenu aux victimes. Roques et Caplan ont récupéré de quoi rembourser leur emprunt à titre personnel au Crédit lyonnais. Le groupe de François Pinault a récupéré plus de 100 millions de francs. Dans cette affaire, on a contraint les petits actionnaires de Dapta-Mallinjoud à racheter les actions détenues par PPR au prix fort, quand leur valeur réelle était déjà nulle, six mois à peine avant le dépôt de bilan. C'est, si je ne me trompe, de l'abus de biens sociaux d'un côté et du recel de l'autre.* »

C'est en tout cas ce sur quoi pourrait se pencher Eva Joly.

Pinault, grand voyageur

Des investissements aux États-Unis, puis en Extrême-Orient... Au milieu des années 1990, avec Artémis, son nouveau holding, François Pinault peut se rêver en capitaliste au long cours. Muni de ce portefeuille de *junk bonds*, ces « obligations pourries » rachetées un peu plus de 10 milliards de francs au Crédit lyonnais fin 1992, grâce à un prêt de ce dernier, le voilà en selle outre-Atlantique. Les obligations reprises au Lyonnais sont rapidement convertissables en actions. Il devient ainsi actionnaire influent, et parfois majoritaire, d'entreprises américaines les plus imprévues.

On y compte le fabricant de baskets Converse, le bagagiste Samsonite, le spécialiste du traitement des eaux Culligan, la chaîne de restaurant Chi Chi's, la télévision hispanique Telemundo, les enseignes de meubles Lane & Broyhill et Thomasville, les stations de ski huppées du Colorado, Vail et Beaver Creek, le fabricant de chaussures Florsheim. À cela, s'ajoutent encore des actifs immobiliers et la société d'assurance-vie californienne, Aurora. Convaincu par ses discussions avec Jean-Yves Haberer, le patron du Lyonnais, d'un retour rapide de la croissance aux États-Unis, l'homme d'affaires espérait, après élagages, transformer ce bric-à-brac en mine à plus-values. Il y est parvenu.

Lorsqu'il lui avait fallu décider de la reprise des *junk bonds*, François Pinault s'était décidé vite. Mais il n'était quand même pas parti sans garanties. « *Lors de la transaction, il n'avait pas aimé que le Crédit lyonnais lui facture 100 millions de dollars l'équipe de Leon Black et de John Hannon* », se souvient François Gille, l'ancien numéro deux du Crédit lyonnais. Le Breton n'a pourtant eu qu'à se féliciter du travail de Leon Black, banquier jeune et joufflu passé par Harvard avant de devenir l'un des collaborateurs de Michael Milken, l'inventeur des fameuses « obligations pourries ».

« *Black est une sorte de géniale machine à fric*, se souvient le financier Gérard Eskénazi qui avait eu à le connaître lorsque l'Américain avait travaillé dans la filiale new-yorkaise de la banque Bruxelles-Lambert. *Mais c'est aussi quelqu'un de très dangereux pour une institution, parce qu'il fonctionne suivant la règle : les profits sont pour moi, les pertes pour la banque. Lorsque François Pinault m'avait parlé de ses projets, je lui avais conseillé de mettre quelqu'un à ses côtés, pour le contrôler.* » Cela a été fait et bien fait puisque les banquiers d'affaires évaluaient, au milieu de la décennie, entre 25 et 30 % le rendement net des *junk bonds* rachetés par François Pinault. Interrogé pour *Les Échos* en mai 1996, ce dernier concédait d'ailleurs : « *Il est trop tôt pour porter un jugement définitif. Il faut attendre que tous les actifs soient désinvestis.* » Et le milliardaire avait ajouté, dans un sourire : « *Je pense que ce sera un coup convenable.* »

Voilà donc François Pinault avec un pied – plus qu'un pied même – à Wall Street, le temple de ce capitalisme pur et dur qui l'a toujours fasciné. Il multiplie les voyages. L'Amérique devient sa nouvelle frontière, comme l'avait été le Canada et ses immenses exploitations forestières pour le jeune entrepreneur des années 1970. À l'époque, le Breton met à profit ses importations de bois pour nouer des relations d'affaires – et une connivence certaine – avec John, l'un des trois fils de K. C. Irving, magnat canadien de la province du Nouveau-Brunswick. Une province bordée par le golfe du Saint-Laurent, coincée entre Québec, le Maine américain et la presqu'île de Nouvelle-Écosse. Une terre austère, à la forêt inhospitalière, que se partagent des pêcheurs acadiens au vieux parler français, et des bûcherons, des ouvriers, descendants de loyalistes ayant fui l'indépendance américaine pour rester fidèle à la couronne d'Angleterre. Une société rude, éloignée des richesses de Toronto, la capitale économique du Canada, et du bouillonnement culturel de Montréal – la grande métropole francophone.

L'empire K. C. Irving est né de ce monde-là. Lorsque le Breton découvre les quais du port de Saint-John, 120 000 habitants et poumon industriel du Nouveau-Brunswick avec ses importations de pétrole et ses exportations de bois, la fortune et la puissance du Canadien l'impressionnent. Le groupe Irving devient « *la référence* », comme en attestent les collaborateurs des débuts. Le modèle n'est pas anodin. La dynastie Irving incarne un capitalisme brutal, sans complexe, sans concession. Une forme d'accumulation primitive du capital surgissant dans un univers pauvre, mais égalitaire. Quasi inconnue de ce côté-ci de l'Atlantique, la famille Irving est aujourd'hui encore considérée comme l'une des plus riches et des plus influentes du Canada avec un patrimoine évalué à 6 milliards de dollars canadiens (24 milliards de francs environ). Un habitant du Nouveau-Brunswick sur douze travaille pour elle, c'est-à-dire pour l'une de ses quelque 300 sociétés reliées entre elles par un entrelacs de participations extrêmement complexes. L'empire comprend, entre autres, une compagnie pétrolière, la Irving Oil, le géant de l'industrie du bois-papier J. D. Irving, mais aussi des chantiers de construction navale, une compagnie d'autocars et d'autobus... et la totalité des quotidiens anglophones de la province.

Journaliste à l'hebdomadaire *MacLean's*, premier magazine en langue anglaise du Canada et référence des élites de Toronto, John DeMont a consacré une biographie très fouillée aux Irving [1]. Parue en 1992, année du décès de K. C. Irving à l'âge de 93 ans, elle dépeint le fondateur de l'empire comme un homme extrêmement autoritaire, ne souffrant d'aucune atteinte à son pouvoir – et surtout pas réglementaire – et d'une âpreté au gain peu commune. Secret, l'homme dont ses détracteurs disent qu'il a fait du Nouveau-Brunswick sa propriété personnelle ne donnera aucune interview pendant 30 ans. Quand il prend sa retraite des affaires en 1972 et s'installe aux Bermudes où il transfère sa fortune personnelle, il interdit à ses trois fils de venir lui réclamer de l'argent tant qu'ils seront résidents canadiens. Pas question, explique K. C. pour justifier sa décision, de laisser Ottawa récupérer le moindre « cent » en impôts sur l'argent ainsi mis de côté. L'exil doré de K. C. a un effet immédiat : la province du Nouveau-Brunswick renonce du jour au lendemain à son projet d'instaurer des droits de succession. Apôtre de la libre concurrence, K. C. Irving fera plancher, nuit et jour, depuis Nassau aux Bahamas, une myriade d'avocats quand le gouvernement tentera de contester en justice son monopole sur la presse locale. Le magnat obtiendra gain de cause en appel... au nom de la liberté d'entreprendre. À l'exemple de leur père, ses fils se tireront sans trop de dommages des mutiples procédures qui leur seront intentées, qu'elles soient engagées par un gouvernement fédéral irrité par les pratiques anticoncurrentielles de la Irving Oil, ou par des associations de

1. *Citizen Irving. K. C. Irving and his Legacy*, de John DeMont, Mc Clelland & Stewart Inc. Toronto.

défense de l'environnement excédées par les coupes à blanc opérées par la J. D. Irving en exploitation forestière, ou encore par les syndicats pour entraves répétées à la liberté d'organisation des salariés.

« *K. C. Irving s'est toujours tenu à quelques principes de base : éliminez tous vos concurrents, ne distribuez jamais d'argent ; refusez les impôts qui sont pour les loosers* », expliquait en juillet 1998, dans un éditorial très critique, l'hebdomadaire *MacLean's*, en y rajoutant la devise : « *Faites pression sur les politiques* ». Et de rappeler que K. C. avait soutenu de toutes ses forces le leader du Parti libéral au Nouveau-Brunswick, jusqu'à ce que ce dernier lui inflige ce que le magnat avait considéré comme un inacceptable camouflet. K. C. avait exigé de son poulain, devenu Premier ministre de la province, qu'il interdise purement et simplement le covoiturage, pratiqué par la population de préférence aux bus Irving jugés trop onéreux. Le leader politique s'y refusa, trouvant cette fois que K. C. poussait le bouchon un peu loin. Dès lors, souligne l'éditorial de *MacLean's*, le fondateur de l'empire Irving n'a plus ménagé son appui au Parti conservateur. François Pinault n'a jamais rompu le fil avec les Irving. À l'été 1997, John, qui codirige avec ses deux frères l'empire familial, était sur les terres de son ami français, à Saint-Tropez.

Les Irving comme modèles, Li Ka-shing pour partenaire... Le second comme les premiers appartiennent à ce capitalisme « tycoonesque » à l'aune duquel François Pinault aime à être comparé. En 1993, un ancien de Paribas présente au milliardaire français, celui que les journaux de Hong Kong nomment « Superman Li ». Le parcours de Li Ka-shing, également baptisé « Mr Money », né dans la province de Canton, en Chine, avant de débarquer à l'âge de 12 ans avec sa famille dans la colonie britannique, ne pouvait que séduire le Breton. Petit vendeur de fleurs en plastique pour une firme locale, Li en devient à 20 ans le directeur général, avant de s'imposer dans l'immobilier et d'y commencer à bâtir sa fortune. En 1979, il fait frémir les milieux d'affaires britanniques de la colonie en prenant le contrôle de l'une de leurs plus vieilles maisons de négoce, Hutchison Whampoa. Un Chinois met la main sur un symbole : l'affaire fait grand bruit à l'époque. Elle lui vaut d'être nommé, sur décision de Deng Xiaoping lui-même, au conseil d'administration de la China International Trust and Investment Corp. (CITIC), bras armé des autorités de Pékin pour les investissements à l'étranger.

Au fil des ans, à coup d'investissements dans les télécommunications, les infrastructures portuaires, la production et la distribution d'électricité, l'hôtellerie, la distribution, la banque, Li Ka-shing gagne les premiers rangs des classements du magazine américain *Forbes* qui, chaque année, recense les principaux patrimoines privés mondiaux. Et, au début des années 1990, la très sérieuse *Far Eastern Economic Review* [1] peut évoquer « *l'emprise quasi complète de Li Ka-shing sur la vie commerciale et financière de Hong Kong* », en pointant l'ambiguïté de ses liens avec Pékin. Le tycoon, ébranlé par l'écrasement des manifestions étudiantes de la place Tien An Men au printemps 1989, a délaissé un temps ses projets en Chine populaire pour reporter son attention sur la Grande-Bretagne, les États-Unis ou le Canada. Mais il veillera à ne pas couper totalement les ponts. La réconcilation avec les autorités pékinoises a lieu en 1992. Elles lui permettent de contrôler indirectement,

1. *Far Eastern Economic Review*, 5 mars 1992.

en sus d'une grosse partie de l'activité portuaire de Hong Kong, plusieurs ports de la Chine du Sud, assurant l'essentiel du commerce de cet immense pays avec l'étranger.

Assis sur un pactole évalué par la revue américaine *Forbes* à 60 milliards de francs, Li Ka-shing possède, dit-on, la moitié des immeubles de Hong Kong. Le rattachement de l'ancienne colonie britannique à la République populaire de Chine l'a laissé de marbre. Fin 1997, il achetait pour plusieurs milliards de francs d'actions, quand les investisseurs se désengageaient massivement. Cela lui vaut, aujourd'hui, de peser à lui seul le dixième de la capitalisation boursière de la zone économique spéciale.

Des investissements de François Pinault en Asie du Sud-Est, on ne sait pas grand-chose. On sait simplement qu'invité par Li Ka-shing à participer à Cefna, l'un de ses fonds d'investissements, le Français en a pris une vingtaine de pour cent. « *François Pinault n'a pas investi de très fortes sommes en Asie du Sud-Est*, précisait lors d'un entretien donné aux *Échos* en 1996, Patricia Barbizet, directrice générale d'Artémis, le holding patrimonial du milliardaire. *Ce sont des investissements financiers réalisés avec un groupe fermé d'hommes d'affaires chinois. Ce n'est pas de la même ampleur que nos investissements en Europe et aux États-Unis mais c'est une vraie démarche.* »

Depuis, la crise financière asiatique est passée par là. Et peu d'indications ont été données sur la situation réelle du fonds Cefna. Mais, que ce soit en Asie ou aux États-Unis, François Pinault paraît en cette fin de siècle délaisser ses ambitions mondiales, pour mieux se recentrer sur l'Hexagone. Discrètement et, sans doute, pour couper court aux interrogations qui avaient resurgi dans les milieux bancaires et financiers, Patricia Barbizet a récemment précisé au mensuel *Challenges* [1], qu'un tiers des boulimiques investissements du milliardaire en 1998 – 16,4 milliards de francs –, avaient été financés par des cessions d'actifs américains. Cédée, la fameuse station de ski de Vail dans le Colorado. Vendu, l'hôtel Delano à Miami que Philippe Starck avait décoré. Abandonnés, la chaîne de télévision hispanique Telemundo et le fabricant de meubles Interco. Le tout pour « *plusieurs centaines de millions de dollars, qui ont été réemployés au fur et à mesure* », expliquait la directrice générale d'Artémis. François Pinault aurait pu mettre à profit son aventure américaine pour faire croître et diversifier son patrimoine outre-Atlantique. Il a préféré rapatrier ses plus-values. Après avoir arpenté le Nouveau Monde et découvert l'Asie, ce n'est ni de New York, ni de Los Angeles, ni même de Hong Kong, que le milliardaire a lancé ses dernières offensives. Mais de Paris.

1. « L'énigme du pharaon Pinault », *Challenges*, février 1999.

Le rachat de la Fnac

« *Je me suis battu comme un lion* », confie à des journalistes un François Pinault fraîchement propriétaire de la Fnac. Nous sommes à l'été 1994, et l'homme d'affaires vient de montrer qu'il sait aussi tordre le bras au Crédit lyonnais. La banque publique, dirigée par Jean Peyrelevade, vient de faire un magnifique cadeau au magnat qui est devenu l'un de ses administrateurs en lui vendant 66 % du capital de

« l'agitateur culturel » pour 2 milliards de francs. C'est-à-dire à prix coûtant (coût d'achat et coût de portage), sans ce qu'on appelle en jargon financier le montant de la « prime de contrôle ». Un prix d'ami puisque le Breton déboursera presque autant, un an plus tard, pour acquérir, auprès de la Générale des eaux, les 34 % restants.

La Fnac, pourtant, ne devait pas tomber dans l'escarcelle de François Pinault. Le milliardaire avait bien fait une offre à son ancien propriétaire, la Garantie mutuelle des fonctionnaires (GMF), quand cette dernière avait commencé à rencontrer d'insurmontables difficultés. Mais le président de la mutuelle, Jean-Louis Pétriat, n'y avait pas donné suite. Il avait préféré se tourner vers Guy Dejouany, le P-DG de la Générale des eaux, une entreprise dont il se sentait culturellement proche. Franc-maçon, Jean-Louis Pétriat pensait trouver dans la compagnie d'eau, historiquement liée aux vieilles mairies radicales-socialistes, des équipes capables de perpétuer l'esprit et les idéaux ayant présidé à la fondation de la Fnac. Guy Dejouany s'y était engagé. Mais faute de pouvoir lancer son groupe dans la distribution, il avait souhaité s'adosser à un partenaire financier. C'est ainsi que l'un des bras droits de Guy Dejouany, Jean-Marc Oury, contacte en juin 1993 Jean-François Hénin, le fondateur d'Altus, la filiale du Crédit lyonnais. Et le convainc.

C'est alors que les choses se gâtent. Jean-François Hénin veut solder la « dette » qu'il estime avoir contractée à l'égard d'un « quatuor » d'hommes d'affaires, dont deux anciens du groupe Pinault, Jean-Pierre Andrevon et Gilles Silberman. Ce quatuor lui avait prêté main-forte lorsque Altus avait imprudemment donné sa caution bancaire à un petit distributeur toulousain en faillite, Disco. Hénin et Silberman, qui ont fait perdre 1,5 milliard de francs à Altus dans cette affaire, via deux holdings néerlandais, Pancho BV et Hornbeam, comptent rebondir avec la Fnac.

Averti, le Breton laisse faire. Il est pourtant quotidiennement informé par Jean-François Hénin, qu'il connaît et vient d'appeler à ses côtés. Les chemins des deux hommes s'étaient croisés au temps de Chapelle-Darblay. Des négociations – auxquelles participait Hénin – sur la vente de missiles et radars Thomson aux autorités d'Helsinki, s'étaient télescopées avec les démêlés de Pinault et son fournisseur finlandais Valmet. Depuis lors, le banquier et l'entrepreneur avaient gardé l'habitude de se voir, mais ce sont les fameux *junk bonds* qui les réunissent à nouveau. Quand l'entrepreneur décide de racheter au Lyonnais ce portefeuille d'obligations américaines, il demande à Hénin – l'homme qui a su les dénicher – de venir les gérer au sein d'Artémis. Depuis, Hénin partage son temps entre Altus et le nouveau holding patrimonial du milliardaire.

Le 12 juillet, Altus prend le contrôle de la Fnac, la Générale des eaux s'adjugeant la minorité de blocage pour tenir la promesse faite par Dejouany. La gestion et, à terme, 15 % du capital sont réservés au « quatuor ». Pinault dont Pétriat n'avait pas voulu sort de son silence. Il file chez Haberer :

« *Je veux la Fnac !* »

Furieux, le Breton n'a pas de mots assez durs pour qualifier les quatre repreneurs choisis par Altus. Haberer s'étonne :

« *Ce sont vos anciens collaborateurs ! C'était pour nous un gage de sérieux !* »

Pinault, embarrassé :

« *Oui, mais je m'en suis séparé.* »

La banque est quand même extrêmement embêtée. Les pressions se multiplient. Alain Minc, le conseiller du milliardaire, se déchaîne. René Ricol, l'un des commissaires aux comptes les plus renommés de la place, téléphone à Jean-François Hénin : « *Vous ne pouvez rester l'ennemi d'Alain Minc !* » Le quatuor affirme que l'affaire remonte jusqu'au Premier ministre, Édouard Balladur, que le gouvernement s'en mêle et que consigne est donnée de rompre le contrat de gestion. Ce que Haberer dément encore aujourd'hui.

Toujours est-il que la direction du Lyonnais trouve matière à rupture. À l'examen, le contrat signé entre Altus et ces quatre gestionnaires est inacceptable. L'indexation du salaire de la gérance sur le chiffre d'affaires de la Fnac est abusive. L'option sur 15 % du capital autoriserait le quatuor à jouer Jean-Marc Oury contre la banque. Le couperet tombe. Le rachat de la Fnac se fait sans les quatre. Mais, pour éviter l'accusation de « portage » – un achat pour compte de tiers –, le Crédit lyonnais se voit contraint de conserver la Fnac pendant un an. Ses responsables le paient cher. Jean-François Hénin quitte Artémis. Jean-Yves Haberer y laisse son fauteuil de président. François Pinault arrive à ses fins. Jean Peyrelevade lui cède la Fnac au prix désiré. La Générale des eaux jette l'éponge un an plus tard, mais après avoir âprement défendu ses intérêts. Aujourd'hui avocat à Marseille, François Gille conclut ainsi cet épisode : « *J'ai été énormément choqué que François Pinault exige la Fnac comme il l'a fait. Le raisonnement de ce type d'homme revient à dire : les pertes sont pour la banque, les profits sont pour moi.* »

« *Prenez mon avion !* » En cette fin novembre 1996, la proposition de François Pinault fuse. Le milliardaire n'hésite pas une seconde à accéder à la requête de Serge Weinberg. Le patron du groupe Pinault-Printemps-Redoute (PPR), qui préside alors aussi la Fnac, a été alerté par Gérard Unger, l'un des pontes de Publicis. Il a contacté son actionnaire d'urgence, pour l'informer de la nouvelle : l'écrivain Marek Halter est interdit de Fête du livre dans le Var. Munies de l'approbation sans réserve du magnat, toutes les équipes du principal libraire de France se mettent en branle.

C'est à Toulon que l'avion personnel de François Pinault conduit Serge Weinberg. Toulon, la ville dont Jean-Marie Le Chevallier est le maire. L'élu Front national a décrété « inopportun » l'hommage que les organisateurs de la Fête du livre devaient rendre à l'auteur de *La Mémoire d'Abraham* et du *Messie*. Le Chevallier a d'autres références littéraires, Brigitte Bardot et ses mémoires qui, précise-t-il, partagent les mêmes indignations que lui : Peu de temps auparavant, l'ancienne actrice s'était émue du « *gazage intolérable des pigeons* ».

La Fnac de Toulon arbore, elle, une affiche sans ambiguïté : « *Il suffit qu'un hommage à Marek Halter soit jugé inopportun pour que nous ayons envie de l'inviter.* » Devant le staff directorial au complet, l'écrivain parle de son œuvre. Bernard-Henri Lévy anime un débat avec le journaliste Guy Konopnicki, l'ancien ministre Jack Lang, le sociologue Alain Touraine et les gens de l'Association « Toulon, nous aussi ». Ami de François Pinault, l'essayiste Pierre Daix a fait le voyage. Le milliardaire, lui, s'est abstenu. Il n'est pas venu provoquer directement sur ses terres Jean-Marie Le Chevallier, l'ancien ami et compagnon de vacances de la famille.

« *Vis-à-vis du FN, nous sommes allés au-delà de ce qu'une entreprise classique aurait fait* », constate Serge Weinberg en notant qu'après cette manifestation et un éditorial sur ce thème, paru dans le magazine *Contact* destiné à la clientèle, la Fnac a reçu des lettres d'injures et des cartes d'adhérents découpées. « L'agitateur culturel » récidive pourtant, en février 1997, lors du congrès du Front national à Strasbourg, avec une initiative locale cette fois, en diffusant en avant-première le film d'Alexandre Arcady, *Le K*.

Il y a un paradoxe Pinault. Celui qui fut le « copain » d'un Jean-Marie Le Chevallier naviguant aux franges de l'extrême droite, celui qui faillit fusionner sa société avec celle de Jean Garnier, a encouragé par deux fois la Fnac, sa Fnac, à s'inscrire dans le combat contre le FN. Ce paradoxe est d'autant plus étonnant que les fréquentations d'hier ne sauraient être mises au compte de la jeunesse ou de l'immaturité. C'est en 1976, à 40 ans – un âge où sont forgées les cultures personnelles et politiques –, que les Pinault invitent les Le Pen à réveillonner. La personnalité de François Pinault n'est ni faible ni fluctuante. Elle est à ce point affirmée, qu'un tribunal a pris soin, jadis, de le mentionner dans son jugement. Comment expliquer alors ces relations passées, quand ses proches affirment tous qu'il a « *du flair, de l'instinct et beaucoup de lucidité* » ? Qu'il a un « *jugement très sûr des hommes* » ? Le président de la République ne le consulte-t-il pas pour certaines nominations, comme l'assure le publicitaire Bernard Brochand ?

L'homme, tel qu'il est décrit aujourd'hui par son entourage et tel que le peignent ses gestes publics, n'a en effet rien de commun avec les thèses et les positions du parti d'extrême droite. « *Il a une grande écoute de l'autre* » ; « *Il fait preuve d'une rare ouverture intellectuelle* » ; « *Il est curieux de tout* », disent les uns. « *Il a une dimension humaine et artistique* » ; « *Il croit en la force des idées* » ; « *Il a un compas très large* », renchérissent les autres. Un tel unanimisme tient, sans doute, au tribut normalement réservé dans les milieux parisiens à toute réussite un peu hors normes. Mais surenchères et lyrisme mis à part, reste l'image d'un milliardaire cultivé, heureux de se frotter au monde artistique et intellectuel. Cette image coïncide mal avec les accointances d'hier. Elle est même en contradiction absolue. Le présent et le passé renvoient à l'énigme du personnage. À plus de soixante ans, François Pinault affiche des inclinations neuves. Il se rend inclassable.

« *Il n'est ni très à droite ni très à gauche* », assure d'ailleurs Alain Minc qui le conseille. « *Ce n'est pas un mec de droite*, va jusqu'à dire du milliardaire son ami, le philosophe Bernard-Henri Lévy. *Depuis quinze ans que nous sommes vraiment proches, il a tout de suite les bons réflexes sur tous les sujets sensibles.* » Proches, les deux hommes le sont. Ils prennent une fois par mois un petit déjeuner au Flore et s'invitent mutuellement à dîner. « *Il y a, je crois, une vraie complicité intellectuelle entre nous*, poursuit l'écrivain. *C'est quelqu'un avec qui j'aime parler politique, littérature, peinture.* » Mais proches, tous deux l'ont d'abord été à travers une figure respectée de l'industrie du bois : André Lévy, le père du philosophe, qui a créé en 1946, après avoir combattu dans les rangs de la France libre, Becob, une affaire d'importation et de négoce de grumes.

Dans les années 1970, entre le patron déjà reconnu et le Breton impatient, s'était installée une forme de complicité, d'estime réciproque. André Lévy était épaté par le culot et l'énergie de son concurrent plus jeune. Ce dernier avait du respect pour l'autorité et le travail de son aîné. Aussi, lorsque François Pinault a des démêlés avec la Fédération des importateurs de bois du Nord, le père de Bernard-Henri Lévy, qui en est un des grands acteurs, prend-il sa défense. L'homme d'affaires, qui a la mémoire longue, ne l'a jamais oublié. Rituellement, ils s'envoient leurs vœux de bonne année, les premiers à chaque fois que l'un et l'autre reçoivent. Et, en 1985, lorsque Becob traverse une crise profonde, que son concurrent Poliet prépare déjà un plan de reprise, « *François s'est montré d'un grand secours et a été exceptionnellement fair-play* », raconte le philosophe. Le Breton met de l'argent au pot sans jamais chercher à s'emparer de l'entreprise. Lorsque certains de ses collaborateurs tentent de déstabiliser Becob auprès des clients et des fournisseurs, il y met bon ordre. C'est tout naturellement vers lui que se tourne, à l'été 1997, Mme André Lévy lorsque, après la disparition de son mari, elle décide de vendre.

« *À chaque fois que je l'ai sollicité, il ne m'a jamais manqué* », poursuit le philosophe. L'écrivain bangladais, Taslima Nasreen, se voit-elle refuser un visa par le ministre de l'Intérieur Charles Pasqua, qui dit ne pouvoir garantir sa sécurité ? BHL appelle François Pinault. Celui-ci décide alors de faire assurer personnellement sa protection. L'affaire s'arrange mais le milliardaire demande à la Fnac d'aider à louer la salle de la Mutualité et d'organiser des rencontres avec des lecteurs. Salman Rushdie souffre-t-il des contraintes, excessives, entourant ses séjours à Paris ? BHL alerte. L'entrepreneur intervient pour que l'écrivain soit accueilli avec moins de rigidité. Il pousse le libraire à monter une opération avec le Centre Georges Pompidou et vient écouter, en personne, l'auteur des « *Versets sataniques* » à l'auditorium du magasin de l'avenue des Ternes, à Paris.

Par son objet, la Fnac joue un rôle central dans l'image que François Pinault veut donner de lui aujourd'hui. Pour le milliardaire, qui s'est personnellement investi dans la vie artistique, posséder le premier libraire et disquaire de France est un peu une consécration. Cela fait de lui un interlocuteur constamment sollicité. Bien que la Fnac s'en défende, elle apparaît comme l'un des bras séculiers de l'entrepreneur dans la société. « *Lorsqu'il en a pris le contrôle, il nous a dit qu'elle était tout, sauf l'agitateur culturel qu'elle prétendait être*, raconte Bernard Brochand, publicitaire et proche tout à la fois. F*rançois m'a dit qu'il était temps de remettre de l'agitation dans tout cela.* »

« *C'est sans doute une petite coquetterie de François Pinault que d'être entouré de quelques intellectuels effervescents et, parfois, un peu gauchistes* », expliquait, de son ton inimitable, Ambroise Roux. Et c'est vrai que, dans son évolution récente, François Pinault prend les habits d'un Pierre Bergé chiraquien. Jean-Michel Jarre a du mal à monter son « Concert pour la tolérance » au Champ-de-Mars, à Paris ? Le milliardaire lui donne un discret coup de main. Les banlieues l'inquiètent ? Il rencontre Fodé Sylla, le président de SOS Racisme. « *Le courant est passé* », commente Bernard-Henri Lévy. On lui prête même un coup de pouce financier à la production d'un documentaire d'ARTE consacré aux militants d'extrême-droite à Vitrolles.

Le parcours de François Pinault n'est pas linéaire. L'homme d'affaires a plusieurs vies. Elles sont autant de séquences irréconciliables. Rares sont ses proches qui les connaissent toutes et, souvent, les moins informés se rangent parmi les laudateurs les plus empressés. « *Il a le goût du secret. Les gens qui le connaissent le mieux ne savent pas grand-chose de lui* », reconnaît Bernard-Henri Lévy. Poussé dans ses derniers retranchements, le philosophe lâche, soudain, avec l'accent de l'amitié véritable : « *Le Pinault que je connais est absolument irréprochable.* »

Pinault, le chiraquien

Ce jour-là, François Pinault pique une colère froide. Le milliardaire et son interlocuteur, un homme haut en taille, volontiers caustique et à qui l'on prête les rêves stendhaliens de l'officier de cavalerie dont il porte l'allure, se jaugent et s'affrontent. L'échange est bref mais extrêmement sec. Le Breton qui demande à voir Jacques Chirac, fraîchement élu président, est accueilli par un secrétaire général de l'Élysée, Dominique de Villepin, prêt à frapper d'estoc. « *Ah bon, vous voulez voir le Président. À quel sujet ?* » le questionne, un brin provocateur, l'homme de confiance du chef de l'État. « *Allez donc le lui demander* », répond du tac au tac, l'air pincé, le milliardaire. Les relations entre les deux hommes sont scellées.

D'un naturel méfiant, Dominique de Villepin ne changera pas d'idée. Au plus fort des négociations de François Pinault avec l'État sur Artémis, le grand ordonnancier de l'Élysée mettra un point d'honneur à jouer son rôle de « sas ». « *Protéger le président de certains intérêts privés fait partie de ma tâche* », explique-t-il en substance à quelques interlocuteurs choisis. Quant au milliardaire, il se vengera en « confiant » à Anne Sinclair sa perception du bras droit de Jacques Chirac : « *C'est un grand romantique qui a rêvé d'un véritable destin. Il fait partie de ces collaborateurs qui veulent faire croire que le vrai pouvoir est dans leur bureau. Il voulait qu'on pense qu'il était incontournable* [1]. »

Vexé par l'attitude d'un Dominique de Villepin qui le maintient à distance, le « *milliardaire du Président* », comme l'ont surnommé les journaux, n'en accorde que plus d'attention à l'amitié que lui témoigne Jean-Pierre Denis, secrétaire général adjoint de l'Élysée où il est, entre autres, chargé des dossiers industriels. Aujourd'hui conseiller de Jean-Marie Messier chez Vivendi, l'ex-groupe Générale des eaux, ce Finistérien de 38 ans, l'admet volontiers : « *Ma relation privilégiée avec François Pinault n'était pas ce que Dominique de Villepin appréciait le plus chez moi. Il n'a pas une grande fascination pour les chefs d'entreprise. Il se situe dans un monde et dans des réseaux différents.* »

Pour Jean-Pierre Denis, cette « relation », forte jusque dans les mots qu'il choisit et qu'il assume comme une évidence, a sans doute été mal comprise lorsqu'il était à l'Élysée. Pourtant, estime-t-il, cette relation ne repose que sur des choses simples : « *C'est l'amitié de deux Bretons, de deux Bretons aux yeux bleus et de cyclistes.* » Il y a, nichées derrière chaque propos de l'ancien conseiller élyséen, une admiration et une affection quasi filiales pour l'homme d'affaires. Une affection qui se renforce aux moindres moments de complicité. « *Il y a une ou deux saisons, je suis allé voir un match au Stade rennais,* raconte-t-il. *À un moment donné,*

1. *Deux ou trois choses que je sais d'eux*, par Anne Sinclair, Grasset, 1997.

il m'a pris par le bras et m'a montré, en face du stade, un petit café qui ne payait pas de mine. Il m'a dit : "Jean-Pierre, vous voyez ce bistrot ? J'y venais tous les matins, il y a vingt-cinq ans, pour boire un café." Et Jean-Pierre Denis conclut : *"Il me l'a dit à moi. Il ne l'a pas dit devant les autres parce qu'il savait que je le comprendrais."* »

C'est une affaire d'hommes, en quelque sorte, qu'exprime l'ancien conseiller élyséen ; une affaire qui, dans son esprit, demeure imperméable aux contingences politiques. « *Notre relation s'est construite sur une affinité instinctive sur fond d'appartenance à la Bretagne* », souligne-t-il encore, avant d'expliquer : « *Je fais beaucoup de vélo, j'en suis un vrai amateur pratiquant et, comme c'est l'une des disciplines de François Pinault, cela nous donne l'occasion de nous voir régulièrement, le dimanche, dans sa propriété de la Mormaire.* » Les dimanches en forêt de Rambouillet obéissent ainsi à un rituel immuable. Ce rituel – le vélo entre amis le matin, la douche, puis le déjeuner avec les épouses –, nourrit son émerveillement pour l'accueil simple et familier que lui réserve le maître des lieux.

Le président de la République, lui, n'est pas de ce rituel-là. Il échappe au cadre, convivial mais large, de ces rendez-vous dominicaux où Jean-Pierre Denis côtoie d'autres invités, du publicitaire Bernard Brochand à l'ancien ministre Nicolas Sarkozy. « *Même lorsque j'étais à la présidence, mes relations avec François Pinault étaient tout à fait déconnectées de celles de Jacques Chirac*, indique l'ancien de l'Élysée. *Le président savait que je voyais Pinault en dehors de ma vie professionnelle et, de temps en temps, il y faisait allusion en parlant des Bretons. Cela en restait là.* »

Noués en 1981 par l'entremise de Michel Giraud et d'une menuiserie de Corrèze, les liens entre François Pinault et Jacques Chirac s'expriment dans un cadre plus protégé. Les deux couples ont coutume de se retrouver le dimanche, lors de dîners familiaux comme ceux qu'ont longtemps eus les Chirac avec Jean-Marc Vernes, le banquier aujourd'hui décédé, et son épouse Jeanine. « *Nous avions l'habitude de dîner ensemble, habitude que nous avons gardé après l'élection de Jacques Chirac. Progressivement, les Pinault se sont joints à nous. Nous nous sommes retrouvés très souvent tous les six* », raconte Jeanine Vernes.

C'est en effet la campagne présidentielle de 1995 qui a définitivement scellé l'entrée du milliardaire dans le clan Chirac. Même au plus bas des sondages, le soutien de l'homme d'affaires au maire de Paris n'a jamais faibli. Il est l'un des rares grands chefs d'entreprise à l'avoir soutenu dès le début, quand les milieux d'affaires se rangeaient, dans leur immense majorité, sous la bannière d'Édouard Balladur. Le Breton a même fait chou blanc en tentant de réunir quelques patrons pour peupler le plateau télévisé de Jacques Chirac à « L'Heure de vérité ». Trois seulement s'affichent à l'émission : Jean-François Dehecq (Sanofi), Henri Lachmann (Strafor-Facom) et... lui. François Pinault « *a vraiment fait partie de ceux qui étaient à l'île d'Elbe* », reconnaît un proche d'Édouard Balladur. Cela ne s'oublie pas : « *Sitôt élu, le Président a octroyé des quartiers de noblesse à l'ancienneté du ralliement.* »

Le Breton y gagne un statut de maréchal d'empire. Et, ce qui a aussi son importance, la reconnaissance de l'épouse du chef de l'État. Bernadette Chirac a son franc-parler. Son amitié pèse lourd. Ses inimitiés, plus encore. Elles valent, parfois, le bannissement à ceux qui en sont l'objet. Marie-France Garaud, ou encore Nicolas Sarkozy, en savent quelque chose. Or, François Pinault, « *elle l'adore* », remarque gentiment Jean-Pierre Denis. « *On peut même se demander*, renchérit avec une pointe de perfidie un dirigeant national du RPR, *si Pinault n'est pas davantage copain avec Bernadette qu'il ne l'est avec le Président lui-même.* » Le milliardaire a gagné ses galons de membre du premier cercle présidentiel.

Cette proximité, l'entourage professionnel de François Pinault la mythifie et la minimise à la fois. La mythifie, en la parant d'une aura de mystère. La minimise, en la présentant comme parfaitement neutre pour ses affaires alors qu'aux yeux de l'establishment elle consacre sa réussite et magnifie son influence bien au-delà des frontières de son empire. Dans un pays où l'onction du prince joue pour de nombreuses nominations, nul n'ignore, par exemple, le rôle du Breton dans le choix, en 1995, de Loïk Le Floch-Prigent pour la présidence de la SNCF. Le milliardaire ne se prive pas, non plus, de donner son avis sur les grandes lignes de la politique économique. Fin 1995 encore, il bataille auprès du chef de l'État pour une baisse des taux, forte et continue, en concertation avec l'Allemagne, ainsi que pour une réduction, indispensable à ses yeux, des dépenses publiques. En avril 1997, après l'annonce de la dissolution de l'Assemblée nationale, il est de ceux qui, à l'instar d'Alain Madelin, de Jean-Pierre Denis ou de Nicolas Sarkozy, plaident en faveur d'un tournant libéral et d'un changement de Premier ministre.

François Pinault ne se prive pas non plus d'intervenir sur des thèmes plus pointus. L'ancien rapporteur général RPR de la commission des finances, Philippe Auberger, se souvient d'avoir été « sermonné » par le milliardaire qui l'avait invité à déjeuner pour le convaincre de la nécessité de doper les mesures de soutien à la consommation. Dans un tout autre registre, Bernard-Henri Lévy lui attribue un « *rôle d'ambassadeur occulte, de porteur de messages tout à fait décisif dans les relations entre la France et la Bosnie* ». Un dossier qui tient à cœur à l'essayiste et pour lequel il a constamment sollicité l'appui de son ami homme d'affaires.

Car François Pinault ne dédaigne pas jouer les « passeurs » et se pique parfois, au-delà du lobbying, d'intervenir directement dans la vie politique. À l'été 1996, Michel Giraud s'inquiète-t-il des effets néfastes du mode de scrutin régional ? La note détaillée qu'il rédige est remise au président de la République par le milliardaire, invité au fort de Brégançon. « *Dans les semaines qui ont suivi, Alain Juppé annonçait la constitution d'un groupe de travail sur ce thème* », nous expliquait, en mars 1997, celui qui était encore le président de la région Île-de-France. Quelques mois plus tard, le Breton intervient même directement dans l'arène politique, jouant les intermédiaires entre les frères ennemis du RPR, balladuriens et chiraquiens que la campagne présidentielle a profondément déchiré. L'hôtel de rue de Tournon devient le théâtre de confidences, de conciliabules et d'une tentative de rapprochement entre les deux clans du mouvement néogaulliste. À Nicolas Sarkozy qu'il invite à petit déjeuner début 1996, il explique qu'il trouve cette division « *grotesque* ».

Le milliardaire et l'ancien porte-parole du gouvernement d'Édouard Balladur se connaissent déjà. C'est Michel Giraud, décidément indispensable, qui les a présentés l'un à l'autre en 1994 lors d'un dîner. À l'époque, le maire RPR de Neuilly était au plus haut et faisait figure de premier ministrable. Il ne s'était pas revu depuis, et ce petit déjeuner est leur première rencontre depuis la présidentielle. « *Il m'a dit qu'il n'avait pas oublié notre dîner chez Michel Giraud. J'y ai été très sensible* », explique un Nicolas Sarkozy d'autant plus touché que l'invitation de François Pinault intervenait à un moment où, pour tout le clan chiraquien, il était encore le traître, l'infâme Iago de Shakespeare. « *Je sais qu'il a dit à Chirac des choses gentilles sur moi, même si c'est mon ami Dominique de Villepin qui m'a ouvert, à nouveau, la porte de l'Élysée à la fin 1997* », ajoute l'actuel secrétaire général du RPR. L'attention du milliardaire pour le savoir-faire politique du maire de Neuilly ne s'est pas arrêtée à cette mission de bons offices ; elle se manifeste désormais par les invitations dominicales au château de la Mormaire.

Dans son rôle d'entremetteur au sein du RPR, François Pinault ne s'est pas contenté d'aider Nicolas Sarkozy à reprendre pied. Il s'est efforcé aussi de réunir les deux anciens rivaux de la présidentielle, Jacques Chirac et Édouard Balladur, en organisant à son domicile parisien leur premier déjeuner de réconciliation. Au fil du temps, l'estime de l'entrepreneur pour Jacques Chirac se mue donc en un rôle politique plus actif au sein de la famille gaulliste. Si Robert Hossein peut présenter, au 1er octobre 1999, un nouveau spectacle, *1940-1945, de Gaulle, celui qui a dit non*, c'est en partie grâce au soutien financier du milliardaire. Ce qui n'était qu'une complicité avec un chef de parti aux manières simples et directes, à l'image plus provinciale qu'énarque, devient un positionnement plus partisan.

Pinault, mécène

Lorsque Jeanine Vernes foule, pour la première fois, la pelouse du château de la Mormaire, elle ne peut s'empêcher de s'exclamer à l'attention de ses hôtes, Maryvonne et François Pinault : « *Mais vous êtes les Médicis des temps modernes !* » D'origine italienne, la veuve du banquier Jean-Marc Vernes est reçue, ce jour-là, par le couple qui lui a apporté un soutien immédiat à la mort de son mari.

« *Je recommande rarement quelqu'un* », lui avait dit l'homme d'affaires qui s'était déplacé, en compagnie de son épouse Maryvonne, dès l'annonce du décès du banquier, pour présenter ses condoléances. Mais il avait transgressé sa réserve naturelle pour lui suggérer le nom d'une personne de confiance, capable de l'aider à résoudre les problèmes de succession. « *J'ai suivi son conseil. Je lui ai fait confiance. C'est un homme qui sait ce que parler veut dire. Il ne joue pas avec les mots* », dit aujourd'hui Jeanine Vernes dans un accent de reconnaissance. Le port élégant, l'intonation patricienne, la pique assassine, elle connaît son establishment sur le bout des doigts. Elle n'en accorde que plus de valeur au geste inattendu de Maryvonne et François Pinault qu'elle fréquente, depuis, davantage.

« *Tous les deux ont un grand goût pour l'art, lui pour l'abstrait, elle pour les œuvres du* XVIII*e* *siècle* », poursuit Jeanine Vernes en se remémorant sa surprise lors de son arrivée à la Mormaire. Spontanée, elle avait été impressionnée par la richesse des collections de sculptures et toiles contemporaines, ainsi que de mobilier précieux qui ornent le château et ses dépendances, en bordure de la forêt de Rambouillet. Les époux Pinault, il est vrai, se sont hissés en peu d'années parmi les quelques amateurs fortunés qui font vivre le marché de l'art parisien. Passionnée par le travail des grands ébénistes de l'époque classique, l'épouse du milliardaire est considérée par la place comme l'une des premières, si ce n'est la première cliente de l'hôtel Drouot, à Paris.

« *Les acquisitions de Maryvonne Pinault ont un côté aimable*, commente un professionnel. *Celles de son mari ne le sont pas.* » Pas aimables ? De l'avis général, le milliardaire porte son attention sur des œuvres tranchées, difficiles. Comme le raconte un propriétaire de galerie, « *il a un très bon œil. Quand il est venu ici, il s'est toujours arrêté devant les œuvres les plus fortes, pas forcément devant les plus accessibles* ». Qu'importe le jugement des profanes, François Pinault veut avant tout réussir un ensemble unique. « *Généralement, il y a corrélation entre le caractère d'un collectionneur et les œuvres qu'il choisit. François Pinault a une personnalité complexe, fascinée par les grands contemporains qui posent problème à l'histoire de l'art. Mais ce n'est pas un découvreur, pas un adepte d'art et essai. Il garde du recul sur ce qui se fait, sur les phénomènes de mode. Sa collection est celle d'un coureur de fond* », assure Me Francis Briest, commissaire-priseur spécialisé dans le XXe siècle.

François Pinault construit sa collection comme il construit sa vie. Avec méthode. Par ses origines, il n'est pas l'otage d'une culture bourgeoise au classicisme écrasant. Par son tempérament, il ne laisse rien au hasard. Sa démarche est personnelle : ce n'est pas celle du nouveau riche sous-traitant tout à un décorateur. Elle est réfléchie : l'entrepreneur ne s'abandonne pas à ses coups de cœur. Sa collection n'est pas d'humeur.

Breton, François Pinault habille d'abord les murs de son manoir de la Droulinais, de tableaux de l'école de Pont-Aven. Puis renonce. Faute d'être le premier, faute de trouver des œuvres de Gauguin sur le marché, sa démarche tourne court. Il s'intéresse alors aux toiles postimpressionnistes et abstraites de l'après-guerre français. Il prend alors la mesure d'un nouvel obstacle. Avec l'Occupation et l'exil des créateurs, Paris a perdu sa prééminence artistique. New York, nouveau creuset de l'aventure picturale, l'a détrôné. C'est là-bas qu'il lui faut chercher. Le milliardaire décide alors de collectionner les artistes ayant peint aux États-Unis de 1945 à 1970. Des artistes dont les œuvres essentielles n'ont pas toutes gagné les musées et restent disponibles pour les grands collectionneurs privés.

Cette démarche, François Pinault y consacre du temps. Il est de toutes les grandes expositions publiques. Il dévore les catalogues. Les manifestations de Christie's et Sotheby's n'ont plus de secret pour lui, dont il suit les ventes aux enchères à Londres comme à New York. « *Quand j'avais une affaire à lui proposer, il venait dans la journée. Parfois, dans la demi-journée* », souligne un marchand d'art.

Cette démarche, François Pinault y consacre aussi de l'argent. L'homme d'affaires n'achète jamais à n'importe quel prix. Mais le collectionneur sait se faire violence quand il prend conscience que l'occasion ne se représentera pas. *Le Rhebus* de Robert Rauschenberg, l'un des tableaux les plus marquants de l'Amérique d'après guerre, capte son attention en 1991, chez Sotheby's à New York, lorsqu'il est mis à prix 6,6 millions de dollars, 37 millions de francs. Il se l'offre un an après. C'est ce tableau qu'anonymement il prête, en 1996, à l'exposition parisienne « Passions privées ».

Du temps, de l'argent... Et des personnes de confiance pour assister, en toute discrétion, la démarche du milliardaire. Pour prendre les premiers contacts avec artistes et marchands, repérer les opportunités, jouer les rabatteurs d'informations. Deux conseils appuient François Pinault. Son assistante personnelle, Odile de la Bouchère, veille sur l'intendance de son patrimoine et de sa collection. Les professionnels disent qu'« *elle aussi, a un œil* ». Elle téléphone aux patrons de galerie, gère les déplacements en France de peintres et sculpteurs étrangers que le milliardaire se plaît à rencontrer. « *Quand il s'agit d'artistes vivants, il aime avoir l'homme en face de lui* », expliquent des professionnels dont certains, marris, gardent le souvenir de rencontres organisées toutes affaires cessantes avant d'être annulées.

Et puis, il y a Marc Blondeau. Cet ancien directeur de Sotheby's, est devenu *art broker* avec la complicité du cinéaste Claude Berri et l'appui du milliardaire Jérôme Seydoux. « *Il manquait en France un maillon entre ventes publiques et galeries* », explique ce courtier en art qui vend des œuvres pour le compte de clients et conseille une demi-douzaine de grands collectionneurs français, dans leurs achats de peinture internationale du XXe siècle.

Pour lui, François Pinault a fait prendre un tournant radical à sa collection, en mai 1990 : « *Il était alors confronté à l'œuvre d'un très grand maître* », raconte le conseiller artistique attitré du milliardaire, en se remémorant le vertige de son client. « *Marc, pour l'industriel que je suis, c'est de la folie de mettre autant d'argent dans cette affaire* », s'exclame l'entrepreneur avant de sauter le pas et d'acquérir le Mondrian qui lui est présenté. Il s'agit, précise Harry Bellet [1] du *Tableau Losangique II*, peint en 1925, que le milliardaire emporte pour 8,1 millions de dollars, soit 45,7 millions de francs, le double du budget annuel d'acquisition de Beaubourg. « *Il a compris qu'acheter ce tableau constituait une étape capitale* », conclut l'expert dont le carnet d'adresses et l'emprise sur ses clients, François Pinault notamment, suscitent envies et critiques. Des galeristes trouvent désormais difficile de

1. *Le Monde* daté des 6-7 décembre 1998.

vendre au milliardaire sans passer par les desiderata du courtier parisien de la rue Miromesnil.

François Pinault est incontestablement un connaisseur et un amateur d'art à l'intelligence précise. Mais, on ne saurait dire qu'il est esthète, artiste ou d'une sensiblité à fleur de peau. Cela ne lui ressemble pas. Devenir milliardaire demande trop de matérialisme pour cela. Chez lui, l'homme d'affaires n'est jamais loin. Pour acquérir une œuvre, il retrouve aisément les réflexes du prédateur. Astucieux, il constitue l'essentiel de sa collection entre 1991 et 1993, quand les cotes s'écroulent et que les marchands d'art font faillite en cascade. Lorsque la galerie japonaise Urban, fondée par un gros concessionnaire Toyota, met la clé sous la porte, ses trois lieux d'exposition, Paris, New York et Osaka, ses deux parcours de golf, abritent des superbes sculptures. L'une, de Picasso, est estimée entre 4 et 5 millions de francs. François Pinault emporte l'œuvre du maître. « *Pour un million de francs* », croit savoir un expert.

Désormais, la culture du milliardiaire confine à celle du spécialiste. Quand, incognito, il vient découvrir la très riche collection de tirages de la Fnac, il est incollable sur le nom des photographes, leurs plus fameux clichés, leur notoriété et leur valeur marchande. De cette visite inopinée, naît l'idée d'une Fondation. Les équipes du distributeur en sont encore « bluffées ». François Pinault est moins heureux avec le cinéma. Son engagement, il est vrai, n'y est pas intellectuel, mais sentimental. C'est son amitié avec André Lévy qui l'a conduit à prendre à ses côtés, 50 % des Films du lendemain, la société de Bernard-Henri créée pour produire *Bosna !* C'est la disparition de cet ami qui le conduit encore à financer *Le jour et la nuit*, le second long métrage du philosophe. « *Mon père et lui avaient décidé de produire le film. Mon père s'en va* », se remémore, ému, l'essayiste en revivant le dialogue qui suivit quelques jours après, avec François Pinault au premier étage du Flore.

« *François, évidemment, on arrête tout.*

– *Vous plaisantez !* rétorque le milliardaire. *Ce film, nous le faisons plus que jamais* ».

Quand il sort, le long métrage est un échec critique et commercial. Mais François Pinault remue ciel et terre, mobilise ses amis jusqu'à l'Élysée pour obtenir sa diffusion, hors sélection, au Festival de Berlin. Du mauvais accueil fait à son film et des polémiques qui ont accompagné sa sortie, Bernard-Henri Lévy ne retient que la sollicitude dont a témoigné l'homme d'affaires : « *François est d'une vraie fidélité. Il a le culte des amis disparus.* »

« *Même les milliardaires se font plumer* », se rengorge *Le Canard enchaîné*. François Pinault est-il mortifié des quolibets ? Il n'en laisse rien voir, même si son statut de mécène exigeant lui vaut habituellement plus de reconnaissance et de louanges. Sur l'art, comme sur le reste, le milliardaire déteste être pris en défaut. Ni dilettantisme ni à peu-près. Perfectionniste car orgueilleux, il ne s'éloigne jamais d'une logique de performance. Aujourd'hui, selon son conseiller Marc Blondeau, sa collection d'œuvres américaines d'après guerre, surclasse celle du Musée national d'art moderne du Centre Pompidou. Un musée qu'il connaît bien, pour y avoir pris conseil et l'avoir discrètement aidé. Comme le raconte son copain, le publicitaire Bernard Brochand, « *avant de se décider, il est arrivé à François de consulter l'ancien président du Centre Pompidou, Dominique Bozo, aujourd'hui décédé. En sens inverse, ce dernier l'appelait quand le musée avait besoin d'un soutien financier. François lui a, parfois, prêté de l'argent* ».

L'assemblage, le collage de matériaux ou d'objets usés, épars, massifs : les sculpteurs qu'il plébiscite révèlent sans doute François Pinault. Ses choix sont cohérents : à l'exception d'Henry Moore, dont les œuvres lisses et arrondies jouent sur l'harmonie, l'homme d'affaires sélectionne des artistes aux constructions hétéroclites, fragmentées tels César, Arman ou Rauschenberg, et ceux qui travaillent sur l'usure du temps, sur les violences faites à la matière comme Chillida et Richard Serra. Il explique rarement ses acquisitions. « *C'est mon jardin secret* », rétorque-t-il à celui qui l'interroge. Dans le monde anglo-saxon, ses achats sur le marché de l'art l'avaient déjà fait sortir de l'anonymat. La prise de contrôle de Christie's, à l'été 1998, pour sept milliards de francs, fait désormais de lui un acteur majeur capable, selon les milieux de l'art sondés par l'*International Herald Tribune* [1], de hisser Paris au rang de Londres et de New York.

---

1. Article cité par *Courrier International* du 20 au 27 mai 1998.

Pinault et le passage à vide

« *François Pinault a une très haute conscience du temps qui passe. Il est convaincu que chacun a un capital-temps qui lui est donné et que, cet actif-là, on ne doit pas le gâcher* », relève Serge Weinberg, le président du directoire du groupe Pinault-Printemps-Redoute lorsqu'on l'interroge sur la suractivité qui s'empare de temps à autre de son principal actionnaire. Or, en cette fin d'année 1994, le temps piétine devant le Breton.

Un triple pontage coronarien doublé d'une complication infectieuse le cloue au lit pendant plusieurs semaines. Si l'homme d'affaires se remet relativement rapidement de cette intervention chirurgicale, s'ouvre pour lui une période en demi-teinte. Non que son groupe PPR pose problème. Au contraire, sous la houlette de Serge Weinberg qui remplace Pierre Blayau en juillet 1995, Pinault-Printemps-Redoute achève sa consolidation et entre dans une phase de croissance tranquille. Le milliardaire est bien sûr attentif à son développement. Mais la machine tourne toute seule et son propriétaire s'ennuie un peu. Et puis, il y a d'autres contrariétés. Sa liberté d'action est rognée par le transfert au Consortium de réalisation (CDR) de la participation que le Crédit lyonnais détenait dans le capital de sa société patrimoniale Artémis. Sortir du CDR, si possible aux conditions qu'il a lui-même fixées, va lui coûter énormément d'efforts et éclipser ses autres priorités. Pis, sa vista semble l'avoir abandonnée. À trois reprises, avec Suez en 1995, la Compagnie de navigation mixte en 1996 et enfin Worms et Cie en 1997, ses tentatives d'abordage se soldent par un échec.

L'intérêt de ces trois cibles, aux yeux du milliardaire, c'est de s'apparenter à de mini-conglomérats. Chacune d'entre elles abrite des participations diversifiées qu'on peut à loisir pétrir, remodeler, apparier ou détacher pour mieux les revendre. Ce « bricolage » généralement très lucratif est pudiquement désigné par le terme d'« allocation d'actifs ». On achète pour démembrer et céder plus cher les parties que le tout. Ces cibles présentent toutefois une autre singularité qui explique, en grande partie, l'échec du Breton. Elles sont toutes trois considérées comme des chasses gardées d'un establishment financier qui craint François Pinault.

L'affaire Suez est la plus emblématique, qui s'engage sur fond de campagne présidentielle au printemps 1995. La BNP, présidée par Michel Pébereau, s'est invitée au capital de cet établissement au passé prestigieux, dont la fondation remonte au second Empire. Et la banque de réseau envisage très ouvertement une fusion avec la vieille dame de la rue d'Astorg. Dirigée par Jacques Friedmann, la compagnie d'assurances UAP, autre actionnaire de Suez, décide de se joindre à l'opération par crainte d'être satellisée.

Ce mariage à trois – la BNP, l'UAP, le Suez –, désigné sous le nom de code TGF, pour Très Grande Financière, n'inspire rien de bon au président de Suez, Gérard Worms, qui ne souhaite pas « servir de réserves à fonds propres » à ses deux soupirants. Il réactive des discussions engagées avec François Pinault et interrompues à deux reprises. En février 1993, sur une suggestion d'Alain Minc, les groupes Suez et PPR avaient envisagé d'échanger leurs titres en autocontrôle. L'affaire, révélée par *Libération*, avait provoqué l'ire immédiate des grands actionnaires du Suez et avait dû être abandonnée. Les négociations reprennent, à une échelle plus ambitieuse, à l'automne 1994. Il s'agit, cette fois, de fusionner PPR et Suez, Suez prenant le contrôle du groupe de distribution et François Pinault devenant en échange de cet apport l'un des principaux actionnaires du nouvel ensemble. Mais là, ce sont les problèmes de santé du milliardaire qui gèlent les discussions.

À partir du mois de mai 1995, alors que le projet de rapprochement Suez-PPR est relancé, tout se complique. Le projet TGF a du plomb dans l'aile, ce qui, au lieu de faciliter la donne, amène ses promoteurs à se crisper. Actionnaire du groupe Suez qui est en retour dans son capital, Jérôme Monod, le P-DG de la Lyonnaise des eaux, a toujours été hostile à la Très Grande Financière. Il s'en ouvre à Jacques Chirac, tout juste arrivé à l'Élysée. Pour le chef de l'État, cette opération est une « connerie », un avis que partage Alain Madelin, fraîchement nommé ministre de l'Économie et des Finances. Au vu de ces réserves, Jacques Friedmann, le président de l'UAP, est de moins en moins partant. Il ne veut se brouiller avec personne. Pour autant, le projet PPR-Suez ne se fera pas ; pas plus, dans l'immédiat, que la solution alternative défendue par Gérard Worms d'une fusion Suez-Lyonnaise des eaux. Michel Pébereau et Jacques Friedmann s'y opposent, tout comme Philippe Jaffré, le P-DG d'Elf-Aquitaine, et Jean-Louis Beffa, celui de Saint-Gobain, tous deux également actionnaires du Suez. Les deux camps Pinault et Monod d'un côté, à forte coloration chiraquienne, Pébereau, Jaffré, Beffa et Friedmann de l'autre, aux inclinaisons balladuriennes, se sont neutralisés. « *Un rapprochement comme celui qu'envisageait François Pinault avec Suez touche au cœur de l'establishment financier. Il ne peut être que semi-consensuel. Or, je ne suis pas sûr qu'il soit en mesure de mener ce type d'opérations* », soulignait, après Suez, un grand banquier de la place. Ce dernier, fin connaisseur du petit monde hexagonal de la finance, avancera les mêmes explications pour commenter les deux échecs suivants sur la Mixte, puis sur Worms et Cie.

Qui peut aujourd'hui se fâcher avec François Pinault ? La réponse revient, immuable, dans la communauté financière : « *Aujourd'hui ? Personne !* » Les milieux d'affaires parisiens cultivent traditionnellement peu l'irrévérence. Quand il s'agit d'un prédateur puissant, proche du président de la République, toute opinion nuancée s'efface et l'emphase gagne rapidement. À défaut de compter parmi les amis du milliardaire, mieux vaut éviter D'être de ses ennemis : tel est le commandement de base. Un commandement renforcé par la présence, aux côtés du Breton, d'Ambroise Roux aujourd'hui décédé et d'Alain Minc, craints l'un et l'autre pour leur entregent et leur art des petites phrases assassines. Un commandement encore consolidé par l'irruption, en décembre 1998, de François Pinault dans le capital de Bouygues, propriétaire de TF1, dont le P-DG, Martin, est déjà – « off », bien sûr – unanimement donné pour mort par ses pairs.

Il y aurait sans doute un formidable bréviaire à écrire avec les qualificatifs retenus par la plupart des banquiers et patrons pour caractériser un François Pinault qui, à la fin de ces années quatre-vingt-dix, apparait au faîte de sa réussite. Et l'on s'épuise d'ailleurs assez vite à recenser les références à l'« *instinct animal* » du milliardaire, à son « *intelligence hors normes* », à son « *flair qui défie l'entendement* », à sa « *réactivité magique* », à son « *sens extrêmement rare de l'anticipation* » ou à ses « *qualités aiguisées de visionnaire* ». Ainsi va la communauté parisienne des affaires qui désormais célèbre le Breton comme « *l'un des rares grands entrepreneurs qu'ait fait naître ce pays* ». Dorénavant, ces jugements laudateurs ne sont d'ailleurs plus réservés au seul François Pinault, mais étendus par capillarité à l'ensemble de son entourage, voire à ses partenaires d'affaires du moment. Comment en serait-il autrement ? Un personnage d'un telle trempe ne saurait travailler qu'avec des gens d'exception !

De cet empire exercé sur le milieu des affaires, les auteurs retiennent deux images. Celle d'un patron, pourtant influent, d'un grand groupe d'assurances blêmissant littéralement quand on lui rapporte que le milliardaire nourrit à son égard un mépris tenace, après la tentative avortée de fusion de PPR avec le groupe Suez. Celle d'un jeune directeur parisien d'une grande banque d'affaires anglo-saxonne qui, loin d'être un enfant de chœur – il a derrière lui dix années d'expérience de fusions-acquisitions sur le marché londonien –, retrouve des accents puérils lorsqu'il raconte son premier rendez-vous avec l'homme d'affaires. « *François Pinault*, confie-t-il fièrement aux auteurs d'un air plein d'importance, *on ne le rencontre que lorsqu'on a des choses vraiment intéressantes à lui dire.* » Avant d'ajouter ingénument : « *Son talent c'est de donner l'impression aux gens qu'il écoute qu'ils sont très importants* ».

Ce talent-là est bien réel. Tout comme l'est également la force de séduction de l'homme d'affaires, si l'on en juge par le dépit profond que traînent tous les anciens collaborateurs ou partenaires du millardaire tombés en disgrâce, après avoir cru à une relation privilégiée. Du dépit profond, douloureux, jamais de la haine, où affleure encore parfois la fascination éprouvée jadis pour le personnage. Le milliardaire fonctionne ainsi. Il séduit plus qu'il ne convainc. Les réactions de ces « répudiés » sont pratiquement de l'ordre de la rupture amoureuse. Précisément, François Pinault les a séduits puis laissé tomber. « *Aujourd'hui, si je m'allongeais sur le trottoir de la rue de Tournon, devant son domicile, je pense que son chauffeur passerait en m'éclaboussant* », livre, amer, l'un de ses anciens partenaires. Mais si la voiture s'arrêtait, on sent bien que tout serait pardonné...

« *La considération se mesure à l'épaisseur du portefeuille* », se plaît à dire François Pinault qui ne dédaigne pas en tester le bien-fondé de temps à autre, en jouant de son ascendant. L'homme, aujourd'hui, délaisse les réunions des cercles patronaux. Il n'a jamais prisé l'ambiance CNPF, et la transformation de l'auguste confédération en MEDEF n'y change rien. Il ne se rend plus à l'AFEP, l'Association française des entreprises privées fondée par Ambroise Roux, où Serge Weinberg, le patron de Pinault-Printemps-Redoute, représente aujourd'hui le groupe.

Désormais, il mesure ses apparitions publiques. S'abstrait des convenances professionnelles. Chacun doit comprendre qu'un milliardaire ne saurait se confondre avec un simple manager. Son influence est d'autant plus grande qu'elle s'exerce, si l'on peut dire, par ombre portée. C'est par son entremise que, dès 1996, le bureau de l'AFEP obtient du président de la République nouvellement élu une entrevue sur la réforme fiscale et la situation des établissements financiers. Tout ce qui compte est là. Marc Viénot, président de la Société générale, Guy Dejouany, longtemps patron de la Générale des eaux, Bernard Arnault, P-DG de LVMH, et Michel Pébereau, celui de la BNP, accompagnent Ambroise Roux. François Pinault, lui, ne se montre pas. Cette absence vaut toutes les présences. Elle rappelle à quelques-uns des plus grands barons du capitalisme français qu'il n'a, lui, pas besoin de rendez-vous formels pour exposer ses vues au chef de l'État.

Plus on donne les apparences de l'influence, plus on en acquiert. Le Breton a parfaitement saisi les subtilités de ce jeu. Et ses délices. Un jeu auquel ses proches conseillers, Ambroise Roux, jusqu'à sa disparition, comme Alain Minc, excellent. Un jeu auquel l'a peut-être initié l'une des grandes figures de l'establishment parisien, décédée en avril 1996 : le banquier Jean-Marc Vernes, dont les relations avec le Breton gardent leur part de mystère. « *Jean-Marc Vernes ? Je ne les ai jamais vus ensemble. Ils n'avaient guère d'intérêts communs* », affirmait d'autorité Ambroise Roux. « *Mon mari connaissait François Pinault depuis des années. Il avait une grande estime pour l'homme d'affaires dont il me parlait souvent* », corrige Jeanine Vernes. Jean Dromer, autre figure du monde des affaires disparue fin 1998, allait encore plus loin. « *C'est Jacques Chirac qui a présenté Jean-Marc Vernes à François Pinault* », assurait-il lors de l'entretien qu'il nous a accordé le 30 septembre 1997. Probablement, croyait-il se souvenir, à l'occasion d'une quête de fonds pour *Le Quotidien de Paris* organisée par celui qui fut, des années durant, le banquier du RPR.

Ambroise Roux et Alain Minc... Complémentaires et rivaux en influence, les deux hommes ont joué un rôle essentiel dans la toile dont François Pinault enserre l'establishment parisien. Comme Jean-Marc Vernes, ils ont ouvert bien des portes à l'entrepreneur breton. Après lui, ils ont contribué à l'édification de la stature publique du milliardaire. L'aile protectrice d'Ambroise Roux a apporté une indéniable respectabilité. Le Breton l'admet en privé, même s'il s'est laissé aller au moins une fois à un cynisme brutal. Encore médusé, un banquier raconte le choc que lui ont procuré des propos particulièrement abrupts du milliardaire : « *Ambroise Roux est d'une utilité remarquable*, lui avait-il confié, il y a quelques années. *C'est fou ce qu'il me sert et il ne me coûte que deux millions de francs par an...* »

Contesté dans la dernière partie de sa vie, par la « jeune » garde de l'AFEP qui, à l'instar d'un Jean-Louis Beffa, P-DG de Saint-Gobain, fustigeait « *le capitalisme à la Daumier* », le « papy parrain » du monde des affaires était devenu moins indispensable. Cette figure tutélaire s'était même mise en contradiction au printemps 1998 avec la respectabilisation et les intérêts du milliardaire. Devant quelques grands patrons, Ambroise Roux avait distingué, en analysant le vote des élections régionales, le « bon » Bruno Mégret de « l'ivraie » Jean-Marie Le Pen. Certains de ses auditeurs s'en étaient émus. Et s'étaient arrangés pour le faire discrètement savoir.

Les liens qu'Alain Minc, consultant-essayiste et soutien fervent d'Édouard Balladur, a su nouer avec le milliardaire chiraquien ont longtemps étonné, tant leurs parcours et leurs personnalités sont dissemblables. À cela près que tous deux ont le sentiment d'avoir eu à se construire contre le milieu traditionnel des affaires. Les deux hommes ont été présentés l'un à l'autre au printemps 1991 par Bernard-Henri Lévy. Depuis, rares sont les opérations importantes menées par le Breton en France où le fondateur d'AM Conseil n'ait été amené à donner son avis. Très jaloux de sa relation avec l'homme d'affaires, Alain Minc veille avec un souci extrême à ce que rien ni personne n'entrave ce lien privilégié. Le banquier Jean-François Hénin en garde un souvenir cuisant lors de son bref passage chez Artémis. Et ces derniers mois, la brouille du consultant avec Ambroise Roux était consommée. Ce dernier, il est vrai, l'a toujours pris un peu de haut. « *Alain Minc ?* aimait à s'étonner le vieux prélat, *c'est une coquetterie de François Pinault !* » La « coquetterie » en question avait fini par s'en agacer.

Entremetteur frénétique, Alain Minc n'a pas ménagé ses

efforts en faveur de François Pinault. C'est lui qui a organisé la première rencontre entre l'homme d'affaires et Jean Peyrelevade quand ce dernier, sollicité par le gouvernement d'Édouard Balladur, hésitait encore à prendre la présidence du Crédit lyonnais. C'est lui qui a recommandé le Rennais Pierre Blayau à François Pinault quand celui-ci cherchait un successeur à un Jean-Jacques Delort débarqué abruptement de la présidence de Pinault-Printemps. C'est lui encore qui suggère à son ami Gérard Worms de fusionner Suez avec le groupe du milliardaire. C'est lui toujours qui recommandera l'avocat Georges Kiejman, ancien ministre socialiste, quand Pinault contestera devant les tribunaux l'entrée soudaine de l'État dans le capital d'Artémis. Très actif, l'ancien bras droit de Carlo de Benedetti s'est aussi révélé un précieux poisson pilote pour le milliardaire, lui ouvrant son carnet d'adresses dans les milieux intellectuels et médiatiques. Anne Sinclair envisage-t-elle d'inviter François Pinault à « 7 sur 7 », sur TF1 ? C'est Alain Minc qu'elle testera en premier et qui le lui déconseillera.

Élargir sans relâche son cercle de relations... François Pinault s'y est méthodiquement employé trente années durant, s'appuyant à chaque étape sur un « éclaireur » capable de lui ouvrir des portes. Avant Alain Minc, bien d'autres ont rempli cette fonction. Un Jacques Denis, son premier directeur général à Rennes, l'a initié à la bonne société rennaise ; un Jean-Marie Le Chevallier l'a propulsé dans le milieu Républicains indépendants ; un Michel Giraud, baron RPR de la région Île-de-France, l'a introduit dans les dîners en ville de la capitale et a fait de lui un des membres de la chiraquie.

Quand il s'agit de gérer de nouveaux contacts, l'entrepreneur laisse rarement les choses au hasard. L'illustre l'anecdote rapportée par l'une de ses relations : convié à dîner chez un ami, le milliardaire apprend que le conseiller Van Ruymbeke devrait être de la soirée. Le magistrat est passionné de football. « *Il s'est fait apporter des fiches sur les équipes, les matchs, tout ce qui était susceptible de séduire le juge*, raconte ce témoin privilégié. *Pinault est comme cela. Il aime connaître les goûts et les faiblesses de ses interlocuteurs.* » Inquisiteur et planificateur, François Pinault ? Pour son entourage, ce souci du détail relève d'un trait de son caractère : sa permanente anxiété. L'angoisse serait chez lui un moteur très puissant. Elle expliquerait son obsession de ne rien laisser en friche. De ne rien laisser passer. Les mêmes ajoutent à ce portrait rapide la curiosité spontanée du millardaire qui le porte, naturellement, par ouverture d'esprit, à s'intéresser à autrui. « *C'est quelqu'un de libre. Il est frappant de voir combien il est curieux des autres et combien cette curiosité s'applique à tout. C'est une dimension fondamentale de sa personnalité* », observe, ainsi, le président du directoire de PPR, Serge Weinberg. Moins indulgentes, plusieurs relations d'affaires récentes du milliardaire nous ont fait part du sentiment qu'elles avaient eu de s'être laissé piéger, en insistant sur la vision étroitement utilitaire des contacts que François Pinault peut nouer : « *J'ai été invité à son domicile parisien, rue de Tournon. Il y avait là le politologue, Jérôme Jaffré. J'étais ravi : on est toujours flatté en son for intérieur. On ne peut pas rester insensible. Et puis, trois jours après, j'ai compris en quoi ma présence avait été utile* », constate l'une d'entre elles, mal à l'aise. Blessée.

En sus des poissons pilotes qui l'aident à nourrir sans cesse son vivier de nouvelles relations, François Pinault s'est aussi constitué un vivier de rabatteurs. Ces apporteurs de projets qui chassent sur la place de Paris pour son compte n'appartiennent pas au premier cercle mais savent qu'ils ont porte ouverte, dès lors qu'ils ont flairé une « truffe ». Walter Butler, un ancien du cabinet de François Léotard au ministère de la Communication, est l'un d'entre eux. Un peu dégarni, la quarantaine légèrement empâtée, le personnage, plutôt chaleureux, est parti faire ses classes de gestionnaire de fonds chez Goldman Sachs, aux États-Unis, à l'issue de la première cohabitation. Avant de refaire parler de lui, avec un plan de reprise avorté de la Société française de production (SFP). En fait, raconte-t-il sans affectation, c'est grâce à son beau-père, le banquier Jean-Louis de Roux, ancien patron du réseau province de la BFCE et vieux compagnon de route du milliardaire, qu'il a été mis en relation avec François Pinault. Depuis, ils ont monté ensemble deux « coups » : un investissement dans l'agence de publicité BDDP, cédée ensuite, par leurs soins et à grand profit, à un géant anglais du secteur; plus récemment une entrée conjointe à hauteur de 40 % dans le capital de l'institut de sondage IPSOS.

Petit, méridional, un brin agressif, Pascal Oddo, ancien agent de change, fait partie, lui aussi, des « capteurs » du milliardaire. C'est sa société, Oddo & Cie, qui a piloté l'introduction en Bourse du groupe Pinault en 1988. « *C'était l'âge de pierre* », se souvient-il. Entre les deux hommes, la confiance s'est établie. « *J'avais décidé qu'à quarante ans j'abandonnerais toute responsabilité opérationnelle comme agent de change. À la date fixée, je suis allé trouver François Pinault* », se remémore l'ancien boursier devenu, depuis, l'une des discrètes têtes chercheuses du Breton sur les fonds de pension. Les projets sont déja ficelés : ils s'inspirent des systèmes dits « 401k » aux États-Unis. Derrière cette dénomination un peu technique, se cache une idée simple : proposer une formule où l'épargnant est libre de ses placements et peut choisir ses supports d'investissement. « *Quand j'ai été prêt, j'ai prévenu François Pinault. Il m'a reçu dans les vingt-quatre heures. Nous avons été pris à contre-pied par la dissolution de l'Assemblée nationale* », explique le financier, un peu déçu. Resté très proche de Patricia Barbizet, la directrice générale d'Artémis et bras droit du milliardaire, comme d'Alain Minc et de Pierre Blayau, aujourd'hui patron de Moulinex, Pascal Oddo a constitué avec cette « *bande de copains* » et l'appui d'Arnaud Leenhardt, l'ex-président de l'Union des industries métallurgiques et minières (UIMM), deux holdings dormants – APO pour Artémis-Oddo et BLADDO pour Blayau-Oddo –, prêts à être activés à tout moment. Les réseaux sont donc là.

Ces investissements mis bout à bout lui confèrent aux yeux du monde des affaires comme des milieux politiques un supplément d'envergure. Dès lors, la révérence plus que jamais prévaut. Comme le note Patricia Barbizet : « *Lorsque je suis arrivée de chez Renault, le groupe Pinault n'était encore qu'une petite entreprise qu'il était de bon ton de critiquer. Aujourd'hui, c'est l'inverse, et l'appréciation générale est, à mes yeux, plus conforme aux qualités de l'homme.* » Toutefois, ajoute-t-elle avec finesse : « *J'aimerais de temps en temps entendre quelques critiques. Cet unanimisme m'inquiète. Il signifie que le milieu parisien n'a pas d'autonomie de pensée et que, demain, les jugements peuvent s'inverser avec la même brutalité.* »

Pinault, lobbyiste

« *On est dans l'embarras. On est l'objet de pressions.* » À l'été 1996, Michel Rouger, président du Consortium de réalisation, l'organisme chargé de vendre 190 milliards de francs d'actifs du Crédit lyonnais, vient informer de ses tracas Jean Arthuis, le ministre de l'Économie. Le rendez-vous est rituel – régulièrement, le premier informe le second de ses difficultés. Mais cette fois, en tête à tête avec son autorité de tutelle, le président du CDR, connu pour sa retenue, s'épanche. Visiblement mal à l'aise, il se laisse aller et entreprend de faire partager au ministre ses tourments : parmi les actifs à vendre, les 24,5 % d'Artémis – auxquels s'ajoute une créance de 1,5 milliard de francs d'obligations remboursables – tournent au casse-tête. François Pinault a mis ses réseaux en branle : l'élection de Jacques Chirac à la présidence de la République en 1995 lui permet de passer par le plus haut sommet de l'État.

Le milliardaire, qui sait user des faiblesses de l'administration et de l'inconséquence des hommes politiques face à des intérêts privés pugnaces, joue sur du velours. Tout, dans ce dossier, a été mal géré. La participation du Lyonnais dans Artémis ? L'homme d'affaires a su profiter de la valse des équipes de la banque, et de leurs rivalités, pour reconquérir pied à pied ce qu'il avait été contraint de concéder. « *La bizarrerie de cette participation*, résume l'un de ceux ayant eu à plancher sur le dossier, *c'est qu'elle n'avait pas de pouvoir et pas de dividendes depuis que le Crédit lyonnais avait renoncé à ses deux postes d'administrateur et à ses revenus.* » On peut difficilement faire pire. Le CDR ? Il devait initialement vendre exclusivement des actifs « pourris », participations dans des sociétés en faillite ou financements de programmes immobiliers en pleine déconfiture, pour sauver la partie « saine » de la banque. Mais, pour compenser les pertes que l'État s'engageait à éponger, on y a transféré des participations ayant une forte valeur potentielle. Puis, sur injonction de Bruxelles, on a coupé tout lien les rattachant au Crédit lyonnais traditionnel. « *Résultat, on les a contaminées* », explique un responsable du Consortium. En clair, le sceau CDR a fonctionné comme une marque d'infamie, y compris pour les participations les plus rentables. Pas idiots, les candidats à la reprise vont en profiter pour exiger des décotes totalement injustifiées.

François Pinault pousse cette technique très loin. Très vite, le milliardaire, si discret à l'accoutumée, se lamente haut et fort, regrettant qu'on lui ait substitué comme actionnaire minoritaire – et sans le prévenir – une structure infestée de rumeurs (le CDR) en lieu et place de sa banque familière (le Crédit lyonnais). Et, dès le départ, il frappe fort. Discrètement, alors que le Tout-Paris de la finance et des médias se passionne pour l'OPA qu'il vient de lancer sur Worms & Cie, il fait racheter par quatre banques la créance de 9 milliards de francs que le CDR détient sur Artémis. Le voilà à nouveau libre de ses mouvements. Puis, à l'automne 1996, une banque amie, la Barclay's, fait une proposition de 1 milliard de francs pour les 24,5 % d'Artémis détenus par le CDR. Un milliard ? C'est ridiculement bas. Même les plus acquis à la cause de l'homme d'affaires n'en croient pas leurs yeux. En privé, Michel Rouger, le président du Consortium, ne la juge « *pas décente* ». Son comité consultatif, composé de hauts magistrats à la retraite, la rejette. En réalité, personne n'a de doute sur l'identité de celui qui se cache derrière cette offre. Ambroise Roux a, alors, ses entrées à la Barclay's dont il préside le conseil de surveillance et dont l'un des directeurs n'est autre que le mari de Patricia Barbizet, administratrice et directrice générale d'Artémis. La ficelle est grosse, mais elle fixe dans les esprits une première offre particulièrement basse. Elle pourra, si besoin est, permettre de se donner le gant de renchérir... à peu de frais.

Un milliard ? À la louche, à la simple vue de la valeur des filiales d'Artémis, Pinault-Printemps-Redoute et Château-Latour d'un côté, les activités américaines de l'autre, les professionnels parlent plutôt d'une valeur de 6,5 milliards de francs. Dans les livres de comptes du CDR, la participation et le prêt sont inscrits pour un montant total de 3,6 milliards. Sollicitée par Jean Arthuis, l'administration du Trésor avance, elle, une estimation comprise entre 2,5 et 3,5 milliards. René Ricol, le président du Conseil supérieur de l'ordre des experts-comptables que Michel Rouger interroge, parle, lui, d'une valeur comprise entre 2,6 et 3 milliards. La fourchette est large et la décote importante, eu égard à la valeur réelle des actifs. Mais les financiers justifient cet abattement par la difficulté d'estimer une participation dans une structure « fermée », non cotée en Bourse – « illiquide », disent-ils – et englobant des actifs américains – des *partnerships* – que le Breton ne gère pas directement... Aucun, en revanche, n'accrédite le chiffre de 1 milliard de francs.

Désormais, tout le monde s'en mêle. À l'Élysée, Dominique de Villepin, secrétaire général de la présidence, cherche à protéger Jacques Chirac de l'influence de François Pinault, qu'il juge néfaste. Jean-Pierre Denis, le secrétaire général adjoint, qui ne cache pas sa fascination pour le Breton, plaide pour que le dossier soit traité avec célérité. « *Une hostilité permanente les opposait, qui descendait ensuite tous les étages du pouvoir* », se remémore un observateur privilégié. Le milliardaire, lui, n'hésite pas à prendre son téléphone quand il le faut. À deux reprises au moins, des États-Unis où il effectue de fréquentes visites, il intervient auprès de Jean Arthuis. Et exige du ministre de la République des comptes sur l'avancement de ses affaires privées. « *François Pinault avait pénétré la sphère politique. Il jouait de l'influence qu'il avait pu acquérir sur le chef de l'État et faisait lui-même le service après-vente*, constate, amer et accusateur, un familier, à l'époque, des couloirs en bois clair de Bercy. *Son accès au plus haut niveau de l'État empêchait les procédures de s'exercer.* »

Fin politique, et matois comme il sied à un ancien président du tribunal de commerce de Paris, Michel Rouger choisit de se couvrir. Et de « vérifier » auprès de son ministre de tutelle, Jean Arthuis, si la vente des 25 % d'Artémis fait « toujours » partie de ses missions et, en cas de réponse positive, si les conditions fortement suggérées au CDR lui agréent... La « patate chaude » est passée du Consortium à Bercy. Le 12 novembre 1996, la réponse vient. « *Rédigée sous forte pression* », assure ce proche de l'ancien ministre de l'Économie.

« *Pression... de Jean-Pierre Denis ?*

– *Beaucoup plus directe* », poursuit notre interlocuteur, laissant à la sagacité de chacun le soin d'y mettre un nom.

Le président du CDR peut lancer la procédure. La banque d'affaires américaine, Goldman Sachs, est mandatée pour trouver un acquéreur au meilleur prix possible d'ici au 31 mai 1997. Si elle échoue, la fameuse participation sera cédée à François Pinault au prix de 1,5 milliard de francs, auquel s'ajouteront des bonis différés : pendant cinq ans, le CDR touchera 33 % de chacune des plus-values dégagées par Artémis. Un milliard et demi ? L'entourage de l'homme d'affaires y voit « *la garantie pour le CDR d'un prix minimum au titre d'à-valoir* ». Les esprits critiques soulignent que ce n'est même pas un « *minimum minimorum* ».

Quant au montant des bonis, il est laissé à l'appréciation du milliardaire, seul appelé à décider malgré les dénégations de son entourage, du rythme des cessions capables de générer les fameuses plus-values. En gros, et pour faire simple, c'est 1,5 milliard tout de suite – 500 millions seulement de plus que la proposition « *pas décente* » de la Barclay's –, puis ce que l'homme d'affaires voudra bien payer. À nouveau saisi, le comité consultatif du CDR choisit lui aussi de se couvrir. Il constate que ce montant est conforme au chiffre avancé par le ministre dans sa lettre, mais regrette... qu'il soit aussi éloigné des évaluations des experts !

Dans le secret de leurs conversations, Jean Arthuis et François Pinault concluent une sorte de pacte. Le milliardaire doit se montrer « compréhensif » à l'endroit des candidats éventuels, et se taire sur le 1,5 milliard de francs qui lui est consenti. Rendre public ce chiffre fixerait *de facto* un prix plafond pour tout candidat repreneur, quand Goldman Sachs fait le tour du monde des investisseurs, avec une évaluation toute différente : de 3,4 à 3,8 milliards !

Les candidats, le prix... Sur ces deux points, François Pinault est aujourd'hui accusé de n'avoir pas joué le jeu. « *Au moins deux acheteurs potentiels se sont manifestés. Ils n'ont pas été accueillis avec l'aménité espérée* », confie un proche de Jean Arthuis. Et dans une interview au *Figaro* [1], au beau milieu des recherches de Goldman Sachs, François Pinault lâche le chiffre tabou, fruit, dit-il sans sourciller, « *d'une négociation avec le CDR* ». Quand arrive la date butoir du 31 mai 1997 fixée à la banque américaine, aucun candidat ne se présente. « *L'opération risque bien, pour*

1. « J'ai fait gagner beaucoup d'argent au Crédit lyonnais ». Interview de François Pinault, *Le Figaro*, 14 mars 1997.

l'État, de ressembler à un hara-kiri », écrit le quotidien *Les Échos* [1].

Le hara-kiri n'aura pas lieu. Alors que Jacques Chirac s'apprête à perdre le pari de la dissolution, que le gouvernement Juppé fait ses cartons, Jean Arthuis signe, entre les deux tours, sa deuxième lettre. Prévenu de rien, ne se doutant de rien, son destinataire Francis Lorenz, ex-P-DG de Bull et de la RATP, arpente la Silicon Valley pour occuper un temps qu'il juge par trop désœuvré. Le président de l'Établissement public de financement et de restructuration (EPFR) sait ce que son poste, fort administratif, de patron de l'organisme de contrôle du CDR a de formel. La lettre de Jean Arthuis le propulse brutalement au cœur d'un dossier dont il n'avait eu à connaître, jusqu'ici, qu'au travers des confidences de Michel Rouger et de sa seconde casquette de président du comité consultatif du CDR. Le ministre enjoint à l'EPFR, ni plus ni moins, d'acheter la participation du CDR dans Artémis pour 3,7 milliards de francs. Comme c'est le prix inscrit dans ses livres de comptes, le Consortium ne fera ni perte ni plus-value. L'opération est blanche pour le contribuable – à qui revient la charge d'éponger les pertes du CDR –, dont l'infortune est renvoyée à plus tard. Qui en a donné l'ordre ?

« *Arthuis ! Car Pinault avait trahi ses engagements. Les élections n'ont rien à voir là-dedans* », assure un proche de l'ancien ministre.

« *Matignon, car Alain Juppé était beaucoup plus réservé que l'Élysée sur ce dossier* », corrige l'un des principaux acteurs.

« *Ce changement de position est évidemment lié aux*

1. « Le CDR pourrait céder sa position dans Pinault avec une sensible moins-value », *Les Échos* », 20 mai 1997.

législatives. On a pensé que ce n'était pas le meilleur moment pour faire cette transaction », précise Jean-Pierre Denis, ex-secrétaire général adjoint de l'Élysée. Le scandale est évité de justesse. Les contribuables le doivent à une curieuse conjonction astrale : les réserves de quelques hauts fonctionnaires – dans une note adressée à Matignon, Jean Lemière, le directeur du Trésor, se prononce contre l'exécution du protocole –, les réticences personnelles d'Alain Juppé, la gêne des banques-conseils du gouvernement, la mauvaise humeur des électeurs. Le président Jacques Chirac perd les élections législatives anticipées et son ami François Pinault, une première manche.

La seconde sera judiciaire. L'alternance venue, c'est aux tribunaux, puis à une médiation, que revient le soin de clore le chapitre ouvert par le rachat par l'EPFR des 24,5 % d'Artémis. Dans le bureau du président Jean-Pierre Mattéi, sous les lambris du tribunal de commerce de Paris, Me Georges Kiejman, le défenseur de François Pinault, dénonce, dans une brillante plaidoirie, « *la mascarade qui voit l'État se vendre à lui-même* ». Pour Me Jean-Pierre Martel, l'avocat du CDR, au contraire, « *la vente est faite et le contrat signé* » avec un établissement public qui n'a fait que remplir sa mission en sauvegardant les intérêts de l'État.

La rhétorique des prétoires est une chose. La réalité une autre chose, et les deux parties sont moins portées à en découdre qu'il n'y paraît. « *Il fallait en sortir. Pour l'État, le risque juridique était majeur* », avoue aujourd'hui un haut fonctionnaire. « *François Pinault lui-même se rendait compte qu'il ne pouvait rester en froid trop longtemps avec la puissance publique* », commente l'un de ses proches. Quand il lance son OPA sur Worms & Cie, la nécessité d'un feu vert de la Direction des assurances – Worms & Cie contrôle Athena –

lui rappelle, sans frais, le poids de l'autorité politique. La cour d'appel de Paris tire tout le monde de ce mauvais pas, en désignant deux médiateurs, Pierre Drai et Jean Prada. Les deux parties transigent sur une valeur de 4,1 milliards de francs. A priori, l'État revient de loin, le montant de la transaction étant supérieur aux estimations de l'ensemble des établissements financiers sollicités. En réalité, les choses sont moins nettes. Lorsque arrive l'heure de transiger, début juillet 1998, la valeur du holding personnel de François Pinault a bondi. L'envol de la filiale Pinault-Printemps-Printemps en Bourse, la bonne gestion des actifs américains portent, selon *Les Échos*, à plus de 52 milliards de francs la valeur réelle d'Artémis. Donc, à 12,8 milliards la valeur comptable des 24,5 % détenus par l'EPFR...

En définitive, rien n'obligeait le CDR à se désengager. Et surtout pas de mauvaises perspectives. Pourquoi alors la précipitation du Consortium ? Parce qu'il était plus facile d'accéder que de résister à la requête d'un milliardaire ayant l'oreille du prince ? Ou parce qu'un « deal » secret, plus large, entre l'entourage du président et François Pinault ne pouvait supporter aucun obstacle ? « *On ne se mouille pas, à l'Élysée, seulement pour faire plaisir à un ami* », remarque ainsi un haut fonctionnaire, avec l'assurance que donne une longue habitude des allées du pouvoir. À l'époque, le groupe Alcatel cherchait à se défaire de sa participation minoritaire dans le groupe Havas, pour se porter candidat à la reprise de Thomson. A-t-on songé à François Pinault pour la faire reprendre par des mains amies ?...

Quand Pinault ne paie pas l'ISF...

« *Bravo l'artiste !* » Dans son numéro du 3 décembre 1997, *Le Canard Enchaîné* s'amuse ainsi à rendre hommage à François Pinault, que l'hebdomadaire satirique qualifie de « *fiscalement surdoué (...). Lorsqu'on pèse autour de 15 milliards et qu'on a la chance d'échapper à l'impôt sur la fortune, on mérite le compliment* », ajoute *Le Canard* qui raconte à ses lecteurs les rebondissements de son enquête : Interrogé sur sa situation fiscale dix jours avant la parution de l'article, le Breton avait d'abord nié. Et fait répondre aux journalistes, par un collaborateur, qu'il payait « *régulièrement l'impôt sur la fortune* » et n'était pas « *du genre à planquer son argent en Suisse* ». Ce qui ne manquait pas d'humour de la part de l'heureux bénéficiaire au milieu des années soixante-dix, on s'en souvient, d'un compte numéroté à la Discount Bank Oversea Ltd à Genève, sur lequel étaient reversées d'importantes sommes d'argent obtenues de ses fournisseurs suédois...

Puis, deux jours après cette première explication, raconte l'hebdomadaire, François Pinault avait « *démenti son démenti* » et reconnu n'avoir pas acquitté l'ISF pour l'année 1997. En guise d'explication, un proche du milliardaire avait précisé, cette fois, que l'entrepreneur avait « *fait un emprunt pour acheter les actions de son outil de travail* ». En clair, François Pinault avait souscrit, à titre personnel, un emprunt bancaire de 140 millions de francs pour racheter des actions de son entreprise. Emprunt qu'il avait déduit de son patrimoine, ce qui avait eu pour conséquence de ramener son imposition à zéro. François Pinault avait joué sur le fait qu'en France l'ISF ne taxe que le patrimoine net, déduction faite des dettes, et ne frappe ni les biens professionnels ni les œuvres d'art.

L'affaire conduit le ministère de l'Économie et des Finances à publier un communiqué réprobateur, puis François Pinault, lui-même, à entrer dans le débat. Sans état d'âme apparent, il affirme le 3 décembre, au micro de RTL, que « *la base servant au calcul de l'ISF est un peu stupide* ». À son avis, ajoute-t-il, grand seigneur, il serait préférable de taxer tous les actifs au titre de cet impôt, y compris donc l'outil de travail, mais à un taux inférieur à celui pratiqué. Le propos est accueilli avec bienveillance dans les milieux d'affaires parisiens, mais l'est moins par les patrons de PME, hostiles à une extension dont ils seraient les premières victimes.

Quand il vient s'expliquer devant Dominique Strauss-Kahn, le ministre de l'Économie et des Finances, ce n'est pas une diatribe anti-ISF que l'homme d'affaires choisit d'exhiber. Mais sa... bonne foi, qu'il appuie sur une note rédigée par le cabinet juridique Francis Lefebvre. Une note assurant le milliardaire de la parfaite licéité d'un tel montage. « *Je pensais cela légal* », arguë Pinault. Le ministre et l'administration restent sourds. Le milliardaire sera redressé.

L'affaire aurait pu s'arrêter là. Après tout, comme le souligne l'hebdomadaire satirique lui-même dans son numéro suivant [1], « *une trentaine de milliardaires ont aussi échappé à l'impôt de solidarité sur la fortune* », et François Pinault est le

1. « Comme Pinault, une trentaine de milliardaires ont échappé à l'impôt de solidarité sur la fortune », *Le Canard enchaîné*, 10 décembre 1997.

seul « *à en payer le prix médiatique* ». Mais l'épisode connut un épilogue inattendu. Le 18 mars 1998, pendant une heure et demie, 70 personnes occupent le siège d'Artémis, avenue Latour-Maubourg, à Paris. Le professeur Albert Jacquard et des représentants de plusieurs associations et syndicats (Droits devant, Droit au logement [DAL], la CGT Finances, la CFDT Banque de France, SUD...) déploient sur la façade de l'élégant hôtel particulier, une banderole sur laquelle est inscrit : « *Pour les droits, contre le chômage, les inégalités et les exclusions, redistribution des richesses* ». Dans le hall d'entrée, somptueusement décoré d'œuvres d'art, une seconde banderole accuse : « *Argent public, ils en ont profité, ils doivent restituer* ».

Pinault, le milliardaire

Cette fois, les télés sont là. Et même les journalistes de mode américains qui encerclent leur héros, Tom Ford, blazer noir et col ouvert, le styliste qui a ressuscité Gucci et hissé en cinq ans la marque italienne au quatrième rang mondial des groupes de luxe. Ce vendredi 19 mars 1999, à deux pas des Champs-Élysées, François Pinault, qui avait choisi le silence et le premier rang du public pendant la présentation de son alliance avec les Italiens et sa spectaculaire entrée dans l'univers glamour des « top models », de la maroquinerie et des parfums, ne peut refuser les micros qui se tendent. « *C'est comme dans l'art de la guerre : il vaut mieux arriver là où on ne vous attend pas* », lance-t-il, selon

Le Monde[1], à celui qui s'étonne de son irruption dans ce secteur, trois mois après son débarquement chez Bouygues, l'empire du bâtiment et des travaux publics diversifié dans la télévision et les télécommunications.

Alors, Pinault ? Futur roi du luxe ou d'Internet ? L'interrogation est à la mesure du personnage que s'est construit le milliardaire. Jamais, sans doute, il n'a été plus proche du portrait que dresse de lui le président du directoire de Pinault-Printemps-Redoute, Serge Weinberg : « *Quand il regarde un sujet, il le considère d'un œil vierge, débarrassé de tous les préjugés. Il prend tout de zéro.* » Depuis quinze mois, son « œil » et sa mobilité, qui lui valent d'être sollicité par toutes les banques d'affaires, le font surgir là où on ne l'attend pas. Début 1998, il renoue à l'improviste avec l'immobilier, un monde auquel il s'était frotté à la fin des années 1970 en compagnie du financier d'extrême droite Jean Garnier, puis qu'il avait délaissé – sauf aux États-Unis. Convaincu d'un redémarrage, cette fois, il reprend en association avec Walter Butler la Sefimeg, un million de mètres carrés de bureaux et d'immeubles haussmanniens dont voulait se défaire Marc Ladreit de Lacharrière. Signe de confiance, il met 800 millions de francs sur la table et emprunte le solde.

Au printemps 1998, l'histoire se répète quand il s'offre, pour 7 milliards de francs, Christie's, la vénérable maison britannique de ventes aux enchères. À l'automne, c'est au tour du Stade rennais, le club de football, de tomber dans son escarcelle pour 100 millions de francs. Mais, de tout cela, Paris ne s'émeut guère. La Sefimeg est un investisse-

1. « "It's a dream" ou la journée des milliards », *Le Monde*, dimanche 21 – lundi 22 mars 1999.

ment spéculatif, pas un métier que François Pinault aurait décidé de refaire. Christie's est ressenti comme une « *coquetterie de grand collectionneur* », et le Stade rennais comme « *un geste à l'adresse de la Bretagne* ». Pinault semble plus que jamais donner raison à Walter Butler qui, un an auparavant, constatait déjà son attrait croissant pour « *des choses nouvelles* ». Après les offensives ratées contre les groupes Suez, la Mixte et Worms & Cie, il semble papillonner entre patrimoine et investissements d'agrément.

Le séisme, c'est en décembre 1998 qu'il se produit, quand, en un week-end, il succède à Vincent Bolloré dans le capital du groupe Bouygues. Cette fois, le monde des affaires en est sûr, le Breton ambitionne de devenir un grand de la communication. Entrer dans Bouygues, ce n'est pas seulement mettre le pied dans le numéro un mondial du bâtiment et des travaux publics. C'est en poser un à TF1, première télévision européenne par son audience et son revenu publicitaire, ainsi qu'à TPS, le bouquet de télévision numérique par satellite. Par l'enjeu, par le montant de l'investissement initial (3,8 milliards de francs), François Pinault ne vient-il pas de déplacer le centre de gravité de son empire ?

« *Il a beaucoup évolué*, rappelle un banquier auprès duquel l'entrepreneur s'est parfois ouvert. *Ses premiers pas dans le monde des médias, c'est la Fnac. C'est ensuite l'apport d'Alain Minc qui a ses propres enjeux.* » Pendant deux ans, le milliardaire picore. Il s'offre, dans un désordre apparent, 37,5 % d'IPSOS, 100 % de l'hebdomadaire *Le Point*, qui viennent s'ajouter à une participation indirecte de 2,33 % dans *Le Monde*, quotidien dont le conseiller du milliardaire, Alain Minc, est aussi président du conseil de surveillance. Tout cela ressemble à du vagabondage.

Les 15,2 % dans Bouygues accréditent, eux, un intérêt pour la communication plus ancré, plus sérieux. Ce groupe, il le convoitait depuis quelque temps. Jean-Pol Guguen, le vieil ami rencontré à travers les métiers du bois, revoit l'entrepreneur évoquer, dès 1996 et sans en faire mystère, l'attention qu'il portait au groupe familial. En 1996 encore, la presse spéculait sur son entrée dans TF1, l'imaginant envoyé en *missi dominici* par le nouveau chef de l'État Jacques Chirac, pour rééquilibrer en sa faveur une chaîne acquise à Édouard Balladur durant la dernière campagne présidentielle. En 1997, la rumeur revient. Mais il s'agit, cette fois, d'un intérêt pour l'ensemble d'un groupe que l'on sait fragilisé par l'effondrement du bâtiment et de l'immobilier, au moment même où sa diversification dans le téléphone réclame d'énormes capitaux. Un groupe dont le capital est mal verrouillé. Vincent Bolloré est le premier, en tout cas, à saisir sa chance.

Lorsque son compatriote breton renonce, en empochant au passage une confortable plus-value, François Pinault donne le sentiment de tout accepter pour concrétiser ses ambitions. Il sauve la face des frères Bouygues, Martin et Olivier, en ramenant sa participation en dessous de la leur. Surtout, il accepte de se lier durablement : le pacte d'actionnaires qu'il signe avec eux est d'une durée de trois ans. Le prédateur fait, pour une fois, patte de velours. Ces concessions prouvent qu'il attache la plus haute importance à cette affaire. Son pouvoir apparaît déjà si grand que, lorsque TF1 lance son offensive – avortée – sur le groupe cinématographique Pathé, rien ne se fait sans son consentement. Mais à peine est-il au cœur de toutes les stratégies audiovisuelles, qu'il entre dans la bataille de... Gucci !

Difficile d'être plus déconcertant. Même s'il prend aujourd'hui la forme d'une paix armée, un affrontement latent existe entre François Pinault et les Bouygues. C'est le moment qu'il choisit pour lancer une attaque en règle contre Bernard Arnault, le patron de LVMH, l'autre grand capitaliste français, embusqué depuis plusieurs mois dans le capital de la maison de luxe italienne. François Pinault, qui avait pris la peine de prévenir Martin Bouygues de ses intentions, lorsqu'il s'était invité à son capital, puis de l'informer de ses mouvements, a choisi, cette fois, la brutalité. C'est à sa conseillère en communication, Anne Méaux, qu'il a délégué le soin d'avertir de son offensive, son rival le propriétaire de Dior et de LVMH (Louis Vuitton et Moët-Hennessy). Cela fleure l'humiliation. Le coup est d'autant plus rude que la place financière a toujours comparé les deux hommes et que ces derniers se sont toujours mutuellement surveillés. « *Ils s'observent tout le temps* » racontait aux auteurs, peu avant sa mort, Jean Dromer, grande figure de l'establishment, devenu, au fil des années, l'Ambroise Roux de Bernard Arnault. C'est dans les anciens locaux de LVMH que François Pinault a installé le siège d'Artémis. Le Breton a même essayé de débaucher deux des gardes rapprochés de Bernard Arnault, l'homme des montages financiers Robert Léon et le P-DG du Bon Marché, Philippe de Beauvoir. De son côté, poursuivait Jean Dromer, « *Bernard Arnault a longtemps été un peu jaloux de François Pinault. Cela a cessé lorsqu'il a estimé l'avoir rattrapé* ». L'issue de la bataille sur Gucci dira qui est le numéro un et qui est le numéro deux.

Pinault, papivore

« *Ce n'est ni le parfumeur Coty, ni Francis Bouygues* », dit de François Pinault l'un de ses conseillers quand on l'interroge sur les investissements de l'homme d'affaires dans les médias. Les deux exemples choisis sont suffisamment caricaturaux, chacun à leur manière, pour ne donner aucun indice sur la démarche du Breton. Industriel de l'entre-deux-guerres, François Coty est resté dans la mémoire collective comme l'incarnation du patronat réactionnaire des années trente. Fondateur du quotidien antiparlementaire et antisémite *L'Ami du Peuple* et grand bailleur de fonds des ligues d'extrême droite, le parfumeur ne s'est intéressé à la presse que pour mener une croisade politique et obtenir, à la faveur d'une agitation factieuse, un changement de régime. Ce n'est évidemment pas le cas de François Pinault. Quant à Francis Bouygues, la première chaîne de télévision lui a permis de peser sur le monde politique et de promouvoir directement les intérêts d'un groupe dont l'activité dépend pour une grande part des collectivités publiques. Le Breton ne s'inscrit pas non plus dans ce cas de figure. Alors ?

Les différents investissements de François Pinault dans les médias n'obéissent pas à une logique unique. *Le Monde* ? Les 2,33 % acquis en 1995 par le Breton relèvent du mécenat, de la volonté de respectabilisation ou de la « démarche citoyenne », selon ce que l'on préférera. « *Lorsque nous recherchions des investisseurs pour notre augmentation de capital*, explique le directeur du quotidien Jean-Marie Colombani, *Alain Minc m'a proposé de contacter François Pinault. Je l'ai rencontré rue de Tournon, lui ai présenté le dispositif. Il m'a écouté et m'a déclaré, en retour, qu'il avait gagné beaucoup d'argent, qu'il estimait avoir une dette vis-à-vis de la société, que le combat du* Monde *pour son indépendance lui plaisait, même s'il n'était pas d'accord avec toutes les orientations du journal. Depuis, je n'ai eu de relations avec lui qu'exemplaires.* »

IPSOS ? Cette prise de participation, réalisée en 1997, obéit d'abord à une logique financière. Ce qui ne veut pas dire qu'elle soit exempte d'autres considérations. « *L'idée est d'aider IPSOS à se développer pour le hisser parmi les cinq premières sociétés de sondage du monde*, indique Walter Butler, l'ancien conseiller de François Léotard devenu gérant de fonds de capital-risque aux noms comme Amstar ou Imstar, par exemple. *L'intérêt de Pinault pour cet institut*, assure l'associé du milliardaire, *tient aux données consommateurs qu'il recueille. Cela peut être extrêmement utile pour un groupe de distribution comme PPR.* » Dans cette opération, poursuit notre interlocuteur, le Breton « *n'a pas voulu refaire le coup de Jean-Marc Vernes avec BVA. Ce n'est pas l'influence politique qu'il est venu y chercher* », conclut-il. Faut-il le croire ? Le seul fait d'être minoritaire dans un institut de sondage octroie des facilités, ouvre des portes. Homme d'affaires avisé, Marc Ladreit de Lacharrière, longtemps actionnaire de la Sofrès, aimait à raconter combien cette participation « *lui valait de lettres cire-pompes de députés* », rappelle un grand banquier, un brin amusé.

Le Point ? Le rachat de l'hebdomadaire, en octobre 1997, obéit à plusieurs et pressantes sollicitations : celles conjointes de Claude Imbert, cofondateur du titre, et de Bernard-Henri Lévy, qui y tient son Bloc-notes, d'une part ; celle de l'Élysée soucieux de « mettre à l'abri » un journal considéré comme proche de l'opposition, d'autre part. C'est comme cela que François Pinault, lui-même, présentait sa candidature à ses interlocuteurs lors des négociations pour la reprise du titre. C'était encore la rencontre, accidentelle semble-t-il, des affinités, de l'amitié et de la politique. Le tout pour 200 millions de francs, une somme relativement modique. Pour une fortune comme Pinault, en tout cas.

Mais pour que le milliardaire se dévoile papivore, le vrai pas serait le rachat du *Figaro*. Souvent évoquée, la reprise du quotidien conservateur en ferait un acteur du débat politique. Depuis des années, il tourne autour du titre mais sans se décider à sauter le pas. « Le Figaro ? *François m'en a parlé, mais sans jamais manifester d'intérêt réel pour cette affaire. Il aime sûrement moins la presse que Bernard Arnault*, confie un banquier. *Pour celui-ci, être propriétaire de* La Tribune *est une fin en soi. François, lui, a déjà une influence politique. Ce qui l'intéresse, c'est d'être conseiller du prince et de développer son empire. Acheter* Le Figaro *serait surtout une source d'emmerdements. Si ses copains lui demandent d'y aller, il ira. Mais, pour lui, ce n'est pas un point de passage obligé.* »

Pinault, fondateur d'une dynastie

François Pinault aime à dire son admiration pour Antoine Riboud, l'entrepreneur qui a fait BSN, aujourd'hui rebaptisé Danone. Dans les entretiens que le Breton accorde, c'est l'un des rares pairs auquel il se réfère. Une fois encore, s'exprimant dans l'ouvrage très hagiographique que lui a consacré Pierre Daix [1], François Pinault rend un hommage particulièrement appuyé à l'industriel : « *Antoine Riboud, pour qui j'ai la plus grande admiration, a été l'un des chefs d'entreprise les plus exceptionnels alors qu'il ne possédait qu'une part très faible du capital de Danone. Ce n'est pas le fait d'être propriétaire qui change la donne.* »

Pourtant, François Pinault ne ressemble pas à Antoine Riboud. Ce dernier a été l'homme d'une entreprise – BSN – et d'un choix : se désengager de l'industrie du verre pour se recentrer sur la fabrication de produits laitiers et, plus généralement, de denrées alimentaires. Parti du négoce,

1. *Op. cit.*

l'homme d'affaires breton a sauté de secteur en secteur, au gré des opportunités. Il s'est fait industriel pour grandir, spéculateur pour s'enrichir, distributeur pour asseoir sa fortune, investisseur financier pour la diversifier.

La réussite d'Antoine Riboud s'efface derrière celle du groupe auquel il s'est identifié. Le succès de François Pinault se mesure à son enrichissement personnel. On ne l'identifie vraiment ni à un métier ni à une entreprise – pas même à celle portant son nom et dont il a confié les clés à de grands managers. Quand le milliardaire délègue la gestion de ses affaires pour se « *donner de l'air* », comme le disent ses proches, c'est essentiellement pour se consacrer à son patrimoine. À sa fonction d'« *accumulateur* », que met en exergue fort justement son ami Pierre Daix. Il y a en effet chez François Pinault une volonté permanente – presque rageuse – d'accumulation de richesses. Ni industriel, ni manager, ni innovateur – il n'a créé aucune forme de commerce, aucun concept de distribution –, il est, comme le qualifie Pierre Daix, un « *actionnaire professionnel* ». Un métier qui profite beaucoup à celui qui l'exerce. Et moins à la collectivité que ce que l'on voudrait nous faire croire.

Plus qu'à Antoine Riboud, c'est à ces descendants d'immigrants outre-Atlantique que François Pinault fait penser : conquérants, prédateurs, un peu voyous, parfois hors la loi, courtisant les politiques, férocement occupés à s'enrichir et, *in fine*, assoiffés de reconnaissance sociale : John Jacob Astor, Cornelius Vanderbilt, John D. Rockefeller, Andrew Carnegie pour le XIXe siècle ou encore Joseph P. Kennedy pour le XXe siècle naissant... L'itinéraire est à chaque fois le même. C'est celui des capitalistes originels, des purs et durs. D'ailleurs, quand le *New York Times* évoque l'ascension du Breton, en décembre 1997, il décrit un mode d'enrichissement très proche de celui de ces grands fondateurs d'empires nord-américains : « *François Pinault s'est construit, au fil des ans, une réputation pour sa capacité à utiliser des lacunes légales et des créations de financements.* »

Dans son livre *Families of Fortune* consacré aux origines des grandes dynasties capitalistes américaines [1], le journaliste new-yorkais Alexis Gregory dépeint l'état d'esprit de ces *self-made millionaires*. Ces faiseurs de dollars « *pensent d'abord et avant tout à l'argent, à la prochaine occasion d'en faire. Chez eux, cela semble relever d'une forme de talent comme d'autres ont l'oreille musicale ou l'esprit scientifique. Cette prédisposition naturelle est toujours accompagnée d'une énergie farouche, d'une dureté impitoyable, d'un flair surprenant, d'un goût extraordinaire du détail. La plupart d'entre eux sont assez secrets* ». Dans son ouvrage, Alexis Gregory insiste sur ce dernier trait de caractère en rapportant que le grand rival de Cornelius Vanderbilt avait fait sa devise de cette improbable maxime : « *C'est le cochon qui ne crie pas qui mange le plus* ».

Enrichi par le commerce de fourrures avec les Indiens, l'ancêtre de ces *self-made millionaires*, John Astor, s'impose brutalement, dans les années 1850, comme le premier propriétaire immobilier de New York, des taudis des nouveaux immigrants aux hôtels les plus huppés. C'est l'origine du Waldorf Astoria. Cornelius Vanderbilt, lui, démarre à 16 ans avec 100 dollars prêtés par son père. La somme lui permet d'acheter un bateau à fond plat pour assurer la traversée de Staten Island à Manhattan. Il s'impose par une guerre des prix sans merci comme le premier armateur sur l'Hudson,

1. *Families of Fortune, Life in the Gilded Age*, d'Alexis Gregory, Rizzoli International Publications.

avant de se construire un empire du rail. En 1878, John D. Rockefeller parvient à contrôler 95 % des raffineries de pétrole aux États-Unis, après avoir contraint à la faillite ou à la vente la plupart des indépendants grâce à des accords tarifaires secrets dans le fret. Enfin, Andrew Carnegie, le futur roi de l'acier, est jeune employé à la Compagnie ferroviaire de Pennsylvanie quand il surprend une conversation de passagers sur American Express. Il hypothèque la maison de sa mère pour réussir son premier coup boursier.

Mais c'est avec la vie de Joseph P. Kennedy que celle du Breton offre le plus de parallèles. Par un étrange mimétisme, les épisodes de l'une semblent se répéter dans l'autre. Sans être jumeaux, les parcours de ces *self-made millionaires* sont étonnamment cousins. Tous les deux entretiennent la même ambiguïté sur leurs origines. Quand François Pinault assène qu'il n'a pour tout bagage que « *son permis de conduire* », il tait ce qu'il doit à son premier beau-père. Quand le patriarche des Kennedy s'offre la couverture du magazine *Time* – pour 75 000 dollars, selon la biographie *The Sins of the Father* de Ronald Kessler [1] – pour asseoir le mythe, il se laisse présenter en fils d'immigrant irlandais pauvre. C'est sauter une génération et oublier que son père, tenancier de saloon, était parlementaire de l'État du Massachusetts à 27 ans.

Pour Pinault comme pour Kennedy, le mariage joue un rôle d'accélérateur dans leur ascension sociale. Quand l'entrepreneur breton épouse Louise Gautier, il s'ouvre des portes qui lui permettent de devenir chef d'entreprise à 24 ans. Quand, en octobre 1914, le jeune Bostonien se

1. *The Sins of the Father : Joseph P. Kennedy and his Dynasty*, de Ronald Kessler, Hodder & Stoughton.

marie avec Rose, la fille du maire, il se propulse à la présidence d'une banque à 25 ans.

Les deux hommes partagent le même flair et le même sens des coups. Le Breton se désengage – à grand profit – du sucre juste avant que les cours ne s'écroulent. L'Américain sauve sa fortune – estimée à 100 millions de dollars – en revendant ses actions à la veille du krach de 1929. L'un et l'autre partagent la même phobie des impôts. François Pinault défraie la chronique en décembre 1997 quand *Le Canard enchaîné* révèle qu'il se soustrait au paiement de l'impôt sur la fortune. Joe Kennedy, lui, fait scandale lorsqu'on apprend qu'il se fait secrètement reverser la moitié des énormes dons qu'il consent au Vatican, après en avoir déduit l'intégralité de ses revenus. Le Français comme l'Américain n'hésitent pas à franchir certaines lignes jaunes. Ce sont les sociétés off shore du premier et les trafics d'alcool sous la prohibition du second.

Peu de collaborateurs ont accompagné François Pinault dans ses vies professionnelles successives. « *Joe Kennedy*, écrit Ronald Kessler, *a réussi à compartimenter sa vie si parfaitement que même ses collaborateurs les plus proches en ignoraient toutes les facettes.* » Les deux hommes d'affaires aiment à se placer dans le sillage d'hommes politiques. Et chacun finit par épouser la cause d'un présidentiable. C'est au château de la Mormaire, la résidence de François Pinault aux environs de Montfort-l'Amaury, que Jacques Chirac rédige *La France pour tous*, son livre de campagne pour la conquête de l'Élysée en 1995. Plus directement, Joe Kennedy publie en 1932 *I am for Roosevelt* et devient le financier de campagne du candidat démocrate, auquel il verse largement son obole.

Enfin, les deux milliardaires affichent le même souci dynastique. On sait que le patriarche du Massachusetts continua de diriger les actions de ses fils même lorsqu'ils atteignirent les plus hautes responsabilités, forgeant sans relâche les mythes qui servirent de socle à leurs carrières politiques. Ce sont les affaires que François Pinault a choisies pour son fils, François-Henri.

« *François a sur les problèmes dynastiques des vues absolument conformes aux miennes, moi qui suis un vieux monarchiste,* confiait de son style patelin, Ambroise Roux, le conseiller en establishment du milliardaire. *Pour moi, il y a deux cas de figure en matière de succession. Si l'on n'a pas le contrôle du groupe que l'on dirige, c'est une escroquerie que de vouloir le transmettre à son fils. En revanche, si l'on a le contrôle de son entreprise, ce n'est pas un droit, mais un devoir. On peut opter pour la monarchie absolue à la manière de Michelin, ou pour la monarchie constitutionnelle à la façon de Peugeot où un Jacques Calvet a joué le rôle de Premier ministre. François Pinault hésite entre ces deux formes de monarchie. Mais son sentiment, qui est aussi le mien, est que si François-Henri réussit à la présidence de la Fnac, il y aura perpétuation de la monarchie absolue.* »

Que François-Henri remplisse le contrat auquel il est convié, et il rejoindra le holding familial comme il l'a lui-même confié au magazine *Hommes & Commerce,* de son ancienne école, HEC [1] : « *Dans dix ans, je serai sûrement chez Artémis,* livrait-il en ajoutant toutefois : *Mais il est très difficile de prévoir ce que sera le groupe dans dix ans. Savait-on, il y a dix ans, ce qu'il allait être aujourd'hui ?* » Son père aurait ainsi réalisé un dernier pari : fonder une dynastie d'affaires, ultime étape d'un processus de respectabilisation

1. « Au groupe Pinault, il n'y a pas de "fils de" qui tienne », *Hommes & Commerce*, HEC, février 1999.

soigneusement engagé. Et, paradoxe en cette fin de siècle, résurgence d'un capitalisme familial flamboyant comme la France n'en avait pas connu depuis la guerre et qui évoque irrésistiblement le second Empire : des entreprises, un magazine d'informations (*Le Point*), des amitiés politiques à droite, des relais à gauche, du mécénat, des fastes, un cortège d'artistes et d'intellectuels obligés. Bref, une cour.

Pour parachever cet édifice, il ne manque à François Pinault comme derniers ingrédients que « ses pauvres » et « ses œuvres ». Jusqu'ici, dans son parcours, on ne sent pas un geste de générosité gratuite. Même si, désormais, on lui prête l'intention de créer, avec l'aide du professeur Beaulieu, une fondation pour la santé consacrée au vieillissement. Comme le fait remarquer cyniquement un conseiller en communication, « *si j'avais une recommandation à faire à Pinault, ce serait de greffer sur son image, une image plus sociale. Marcel Dassault, à la fin de sa vie, s'est volontairement laissé rattraper par une image plus généreuse* ».

Ce chapitre reste à écrire.

Table

Avant-propos.......... 7

Pinault, le magnifique.......... 9

- Pinault, à la ferme de vingt jours. Pinault chez Gautier Frères. De Blida à Chréa. Pinault, négociant en bois. Pinault, petit patron. Pinault, le spéculateur. Pinault le giscardien.

Pinault, pilleur d'épaves.......... 55

- Pinault, le bordurier. Pinault, l'aventurier. Pinault joue la rose. Pinault, chrysalide.

Pinault, l'industriel.......... 87

- Pinault, le papetier. La piste de Radio Bretagne Stéréo. Pinault, grand patron. Pinault, raider masqué. De l'utilité d'une menuiserie à Nevers. Pinault Trustee. Pinault Haussmann. Pinault, le Lyonnais. La naissance d'Artémis. Qui se cache derrière FPI ? Pinault, retour de manivelle. Pinault, grand voyageur. Le rachat de la Fnac. Pinault, le libertaire.

Pinault, le chiraquien.......... 189

- Pinault, mécène. Pinault et le passage à vide. Pinault, le parrain des affaires. Pinault, lobbyiste. Quand Pinault ne paie pas l'ISF... Pinault, le milliardaire. Pinault, papivore.

Pinault, fondateur d'une dynastie.......... 233

CET OUVRAGE A ÉTÉ ACHEVÉ D'IMPRIMER SUR ROTO-PAGE
PAR L'IMPRIMERIE FLOCH À MAYENNE EN MAI 1999
D. L. MAI 1999. N° D'IMP. 46317
ISBN 2.7158.1213.2 – 946.627.0
Imprimé en France